NUMMER 31

ÜBER DAS GEWISSEN
Texte zur Begründung der neuzeitlichen Subjektivität

herausgegeben und mit einer Einführung
versehen von
Uta Störmer-Caysa
übersetzt von Uta Störmer-Caysa und
Almuth Märker

© 1995 Beltz Athenäum Verlag, Weinheim
Alle Rechte vorbehalten.
Ohne ausdrückliche Genehmigung ist es nicht gestattet,
das Buch oder Teile daraus auf fotomechanischem Weg
(Fotokopie, Mikrokopie) zu vervielfältigen.
Gestaltung: Bayerl & Ost, Frankfurt am Main
Satz: Satz- und Reprotechnik GmbH, Hemsbach
Druck und Bindung: Druckhaus »Thomas Müntzer«,
Bad Langensalza
Printed in Germany
ISBN 3-89547-076-7

INHALTSVERZEICHNIS

EINLEITUNG

Die Wurzeln des Begriffes, der deutsch *Gewissen* heißt, liegen nicht dort, wo das Wort zum ersten Male belegt ist. Das war in Sankt Gallen kurz nach 1000, und das Wort stammt nicht von Notker dem Deutschen, wie in vielen Handbüchern steht, sondern von einem Unbekannten, der Notkers Psalmentext mit zusätzlichen Übersetzungshilfen versah. Er hat *gewizzeni* geschrieben, wo Notker *conscientia* beibehalten hatte. Theodor Frings hat diese Lehnübersetzung als sprachliche Leistung beinahe gerühmt: »Als aber in St. Gallen um 1000 über *quae mordet conscientiam* einer Psalmenerklärung der Glossator schrieb: *diu mih pîzzet in mînero gewizzeni* ›die mich beißt in meinem Gewissen‹, da fand er von Partizip zu Partizip, von Bildungssilbe zu Bildungssilbe und in Übereinstimmung mit der besonderen Übersetzungstechnik seines Klosters das Wort, das glückte, dem Luther die evangelische Tiefe, das Denken des 18. Jahrhunderts die sittliche Weite gab, und das noch heute in *Weltgewissen* mahnend vor uns steht«.[1] Selbst wenn man die Äußerung über das Weltgewissen einmal beiseiteläßt und bei der Wortgeschichte

---

1 Th. Frings, Grundlegung einer Geschichte der deutschen Sprache, 2., erw. Aufl., Halle 1950, S. 50.

bleibt, ist die Einschätzung immer noch erstaunlich zuversichtlich. Denn diese Lehnübersetzung aus spätalthochdeutscher Zeit bleibt zunächst völlig folgenlos; die Diskussion um Sache und Begriff vollzieht sich nicht in der volkssprachlichen Literatur, sondern in der lateinischen Wissenschaft, und erst mit Luther, der *Gewissen* schreibt, findet das Wort eigentlich Platz und Bedeutung im Deutschen. Da ist das Mittelalter fast vorbei und die Arbeit an dem Begriff zu einem Gutteil getan, und zwar im Lateinischen.

Dort hinwiederum ist *conscientia* aus zwei Quellen bekannt: aus stoischem Erbe und aus dem Bibellatein. Es ist selbst ein Übersetzungswort, nämlich für das griechische *syneidesis*.[2] Die Grundbedeutung von *syneidesis* ist: handlungsbegleitendes Bewußtsein, das heißt: Bewußtsein vom eigenen Tun und dem der anderen.[3] So vor allem kommt das Wort im Neuen Testament und bei den griechischen Kirchenvätern vor, und ebenso wird es als *conscientia* in die lateinische Bibel- und Auslegungstradition übernommen. Cicero und Seneca, die im Mittelalter viel gelesen wurden und als die eigentlichen Gewährsleute für stoisches Gedankengut galten, kennen *conscientia* ebenfalls in dieser Grundbedeutung, denken den Begriff aber auch so, daß er eine zusätzliche Zuschreibungs- und Bewertungsfunk-

---

2 Peter Schönlein hat dagegen zu zeigen versucht, daß die eigentliche Gewissensbezeichnung nicht auf griechische Autoren zurückgeht, sondern ein originär römisches Produkt ist, das beim Auctor Ad Herennium zum ersten Male belegt ist und sich in der forensischen Gerichtsrede festigt, in der Cicero dem Wort *conscientia* eine feste Bedeutung verschafft. P. Schönlein, Zur Entstehung eines Gewissensbegriffs bei Griechen und Römern, in: Rheinisches Museum für Philologie, Bd. 112, 1969, S. 289–305.
3 Vgl. H. Reiner, Gewissen, in: Hist. Wörterbuch der Philosophie, Bd. 3, Darmstadt 1974, Sp. 574–592, Sp. 575.

tion beinhaltet. Gewissen ist also zunehmend nur noch das Bewußtsein vom eigenen Tun in moralischer Hinsicht, kaum noch das vom Tun der anderen.[4] Heinz Kittsteiner hat diesen Gebrauch von *conscientia* »zur Grundlage einer individuellen Sittlichkeit«[5] erhoben; beim Gebrauch der Beschreibungskategorie »Individualität« empfiehlt sich allerdings – was im ganzen kein Einwand gegen Kittsteiners Buch ist – in der Geschichte des Gewissensbegriffes größte Behutsamkeit. Man kann nämlich in fast allen Cicero- und Senecastellen – Hans Reiner stellt die wichtigsten zusammen[6] – *conscientia* statt mit *Gewissen* mit *Selbstbewußtsein* oder *Bewußtsein* (nämlich Bewußtsein von etwas) übersetzen. Gewissen ist im spätrömischen Verständnis die sittliche Seite des Selbstbewußtseins und hat durchaus mit Selbstvertrauen zu tun.

Das ist der Grund, warum sich der *conscientia*-Gedanke bei seiner Einbettung in eine christlich geprägte Kultur grundlegend verändert. Das handlungsbegleitende Mit-Wissen, das das lateinische Wort *con-scientia* bezeichnet, stellt zwar nach wie vor eine Art von innerer Zensur dar, weshalb Sätze von Cicero oder von Seneca über das gute und schlechte Gewissen sich bruchlos in das mittelalterliche Verständnis einfügen. Aber woher dieses Mitwissen sich speist, wird nun erst zum Problem. Das Selbstbewußtsein, mit dem ein römischer Rhetor *Ich* sagen und das sittlich Gute für sich reklamieren kann, ist vom christlichen Standpunkt aus nicht mehr aufrechtzuerhalten. Dem komplizierten Ablösungs- und Übersetzungsprozeß, in dem neu

---

4 H. Reiner, Gewissen (wie Anm. 3), Sp. 577.

5 H. Kittsteiner, Die Entstehung des modernen Gewissens, Frankfurt/Leipzig 1991, S. 168.

6 H. Reiner, Gewissen (wie Anm. 3), Sp. 576–578.

bestimmt werden muß, wie die personale Mitte eines Menschen zu denken ist, auf welche Weise er sein eigenes Handeln und das der gesamten Menschheit verantwortet und in welcher Form das, was es außer ihm gibt, ihm diese Verantwortung abverlangt, kann man in der Philosophie Augustins (354–430) nachgehen. Augustin hat nicht wenig über Gewissen gehandelt, aber keinen einheitlichen Begriff dafür benutzt.[7] Andererseits hat sein Wort *conscientia*, das wir heute meist mit »Gewissen« übersetzen, sehr vielfältige Bedeutungen.[8] Augustins Gewissensbegriff ist eng mit einem seiner Hauptthemen verbunden: dem freien Willen. Sein Nachdenken darüber, wie man zugleich ein absolutes göttliches Vorherwissen und eine menschliche Willensfreiheit annehmen könne, ist geistesgeschichtlich außerordentlich fruchtbar geworden; nicht zufällig greift die Auseinandersetzung Luthers mit Erasmus auf dieses augustinische Thema zurück. Das Spannungsfeld zwischen Determination und Freiheit, in das der Gewissensbegriff – *conscientia* – mit Augustin geraten ist, läßt einen ganz neuen Fragenkatalog zum Gewissen entstehen, den sich Generationen von mittelalterlichen Denkern abzuarbeiten bemühen: Einerseits ist

---

7 J. Stelzenberger, Conscientia bei Augustin, Studie zur Geschichte der Moraltheologie, Paderborn 1961, S. 13–22. Stelzenberger hat mehrere Studien über die Geschichte des Gewissensbegriffes verfaßt. Als Grundlagenwerk darf gelten: Ders., Syneidesis, conscientia, Gewissen. Studie zum Bedeutungswandel eines moraltheologischen Begriffes, Paderborn 1963. Vgl. auch: Ders., Syneidesis im neuen Testament, Paderborn 1961; ders., Syneidesis bei Origines, Paderborn 1963.

8 Stelzenberger stellt ein ganzes Feld von Formulierungen, auch aus den »Confessiones«, zusammen, die für Schuldgefühle stehen, die Augustin an anderen Stellen, besonders im Psalmenkommentar, auch *mala conscientia*, schlechtes Gewissen, genannt hat: Conscientia bei Augustin (wie Anm. 7) S. 146–153.

nach Römer 2,15 jeder Mensch, auch der Heide, in der Lage, elementare sittliche Grundsätze einzuhalten; er hat also das Maß und den Richter in sich, von Natur aus. Andererseits gibt es offenbar Fälle, in denen man nach bestem Wissen und Gewissen das Falsche tut. Wie mächtig und wie ausgedehnt ist nun die sittliche Grundbefähigung, da der Mensch durch die Erbsünde ja in seiner Natur beschädigt ist? Und gesetzt, diese Grundbefähigung bestünde, möglicherweise eingeschränkt, trotzdem fort: Wie kommen dann so schreckliche Irrtümer wie ehrlich gemeinte Ketzereien zustande? Die Vernunft gehört doch ohne Zweifel zur göttlichen Ausstattung der Menschennatur. Warum folgert sie nicht richtig, wenn die Grundsätze ihres Urteilens doch wohl fest bleiben? Und was von beiden, die sittliche Grundsatzentscheidung oder die im Einzelfall, ist nun das Gewissen?

In dieser Lage kam den mittelalterlichen Denkern ein Zufall der Überlieferung zu Hilfe. Hieronymus (gest. 420), der durch seine Übersetzung der griechischen Bibel ins Lateinische bekannt geworden ist, hatte fortlaufende Erklärungen zu den biblischen Büchern verfaßt. Eine solche fortlaufende Erklärung wird im Mittelalter *glossa* genannt. Es gibt sie in großer Zahl, jeder bedeutende Theologe hat die biblischen Bücher kommentiert. Einige von ihnen gewannen besonderen Einfluß. Die verbreitetste *glossa* jeweils wurde *glossa ordinaria* genannt, das bedeutet in etwa: Standardkommentar. Sie zu besitzen mühte sich im Mittelalter jede Bibliothek einer Schule oder eines Klosters. Die Bezeichnung *glossa ordinaria* war aber unspezifisch; die mittelalterlichen Theologen verwendeten die Bezeichnung und begriffen darunter einen Bibelkommentar; die Kanonisten sagten auch *glossa ordinaria* und meinten die meistverwendeten Glossen zum Decretum Gratiani, dem Kernstück des

Kirchenrechts. Wegen der autoritätsorientierten Begründungs- und Beweisstrategie des Mittelalters veraltete aber ein Standardwerk nicht so schnell wie heute. Nur dadurch ist es möglich, mit dem Abstand der Jahrhunderte im nachhinein auszumachen, welche *glossa* jeweils *ordinaria* war. Bei den Theologen läuft unter diesem Namen bis zur Reformation meist ein Kommentar, der im 12. Jahrhundert in der Schule von Laon entstanden ist. Diese Glosse schöpft bei der Kommentierung des Hesekiel-Buches aus Hieronymus, was im Mittelalter nicht ehrenrührig, sondern im Gegenteil ein Ausdruck größter Hochachtung war und der Überzeugung entsprang, daß alle richtige Erkenntnis letztlich von Gott komme und dadurch Gemeingut aller Menschen sei. Sowohl in der *glossa* des Hieronymus selbst als auch in der *glossa ordinaria* standen deshalb im Hesekiel-Kommentar übereinstimmende Reflexionen über das Gewissen. Sie verwendeten den lateinischen Ausdruck *conscientia* und verwiesen darauf, daß das Gewissen griechisch *syneidesis* heiße. Dieser Verweis steht gerade an einer Stelle, an der von einem Funken des Gewissens als einer natürlichen sittlichen Mitgift des Menschen die Rede ist. An dieser Stelle steht in Glossenhandschriften schon des 13. Jahrhunderts regelmäßig nicht mehr *syneidesis*, sondern *synteresis*, was eigentlich »Bewahrung« bedeutet. Man erklärt sich den Vorgang durch einen Schreibfehler in einer häufig benutzten, uns verlorenen Handschrift.[9] Stu-

---

9 Den Editoren der kritischen Hieronymus-Ausgabe folgend (Corpus Christianorum Series Latina Bd. 75, Turnhout 1964, S. 10), schließe ich an Waldmanns Resümee der Auseinandersetzung darüber, ob Hieronymus vielleicht nicht doch selbst *synteresis* geschrieben habe, an. Die vorausgehende Kontroverse ist dort nachzulesen, der Artikel von Leiber empfiehlt sich selbst. M. Waldmann, Synteresis oder Syneidesis? Ein Beitrag zur Lehre vom Gewissen, in: Theologische Quartalschrift,

dienliteratur zum Beispiel lag in den Schulen oder Universitäten lagenweise zum Abschreiben bereit. Abschreiben war der einzige Weg der Vervielfältigung; jede Abschrift hatte, gerade bei oft gebrauchten Texten, ihrerseits ihre »Nachkommen«. Wenn nun alle Studenten einer Schule, die sich die teuren Schreibmaterialien überhaupt leisten konnten,[10] von einer solchen falschen »Kopiervorlage« abgeschrieben hätten und von ihren Abschriften wiederum andere hergestellt worden wären, ließe sich leicht vorstellen, daß die falsche Lesart am Ende häufiger war und als die richtige galt. Letzte Sicherheit ist darüber kaum zu erlangen; wahrscheinlich fiel der Schreibfehler bereits in die Mitte des 12. Jahrhunderts.

Das Wort *synteresis* wurde meist *synderesis* oder *sinderesis* geschrieben. Griechischkenntnisse waren im Mittelalter selten. Man verstand das Wort eigentlich nicht. Die mittelalterlichen Denker hätten es sich kaum mit »Bewahrung« übersetzt. Wenn sie den Wortlaut etymologisch zu erklären versuchten, dann meist in Analogie zum handlungsleitenden Willen *pro-hairesis* als *syn-hairesis*, das heißt wörtlich: Mit-Erfassen.

Es stand dadurch zur Beschreibung von »Gewissen« nunmehr ein zweites Wort zur Verfügung, das in keiner begrifflichen Tradition stand und nicht vor-

---

Bd. 119, 1938, S. 332–371. Der Ausgangspunkt: R. Leiber, Name und Begriff der Synteresis (in der mittelalterlichen Scholastik). In: Philosoph. Jb. 25 (1912), S. 372–392.

10 Es gab in Universitätsstädten wie Paris auch Vervielfältigungsbüros, in denen man gefaltete Hefte von Lohnschreibern kopieren lassen konnte. Über solche Techniken der Literaturdistribution unterrichtet der Sammelband: La production du livre universitaire au moyen âge. Exemplar et pecia. Actes du symposium tenu au Collegio San Bonaventura de Grottaferrata en Mai 1983. Textes reúnies par L. J. Bataillon, B. G. Guyot, R. H. House, Paris 1988.

belastet war. Der Schreibfehler konnte als historische Chance genutzt werden: Die komplexen Probleme um das Gewissen ließen sich leichter entflechten, wenn man die sittliche Anlage des Menschen getrennt von seiner Fähigkeit zur Beurteilung einzelner Situationen diskutierte. Es bürgerte sich ein, *synderesis* für die sittliche Naturanlage zu verwenden, *conscientia* für die sittliche Urteilskraft. Daraus ersieht man, wie nötig eine solche Entflechtung war: die *synderesis* als bloßes Synonym zur *conscientia* zu verstehen wäre bei weitem das Einfachste gewesen; das Einfachste trat aber nicht ein, denn die begriffliche Verdopplung war hochwillkommen. So ist die *synderesis* zwar spontan entstanden, aber wäre sie es nicht, so hätte man einen eigenen Begriff prägen, sie erfinden müssen.

Das 4. Laterankonzil von 1215 verpflichtete alle Christen zur Ohrenbeichte mindestens einmal im Jahr. Um zu beichten, mußte man aber wissen, was Sünde sei; und nicht alle Fälle waren so eindeutig wie Mord oder Ehebruch. Vor allem die Priester mußten darin geschult werden, ihren Beichtkindern bei der Gewissenserforschung zu helfen.[11] Sündenkataloge konnten nur ein Provisorium sein. Sie blieben vor der Vielfalt möglicher Handlungskonstellationen immer zurück. Der Theorievorlauf der Theologie reichte hierfür nicht aus: Was ist denn Gewissen? Wie sicher ist seine Entscheidung? Peter Abälard (1079–1142) hatte die Meinung vertreten, es gebe keine Sünde außer der gegen das Gewissen. Damit war die Absicht wichtiger geworden als die Tat. Konnte man diesen Gedanken neu

---

11 Für Foucault gibt deshalb das Datum 1215 das folgenreichste Ereignis für die Entstehung einer modernen Geständnisgesellschaft an. Vgl. M. Foucault, Der Wille zum Wissen, übers. v. U. Raulff u. W. Seitter, 2. Aufl. Frankfurt 1988, S. 75.

aufnehmen, oder war er die abweichlerische Auffassung eines eitlen Sonderlings, wie seine Zeitgenossen geglaubt hatten? Wenn andererseits eine Tat sündhaft sein sollte, von der der Täter kein Bewußtsein hat: Wird er dann nicht an der Kraft seines Gewissens verzweifeln, folglich auch daran, es zu schulen und seine Regungen mitzuteilen? So paradox es klingt: Die Entwicklung einer personalen Gewissenskonzeption, die in die neuzeitliche Subjektivität und Individualität mündet, hatte ihre Wurzeln im Versuch der Kirche, sich der Köpfe und Herzen gründlicher zu bemächtigen. Das Gewissen ist in einer Kultur mit Beichtpflicht die Instanz der totalen Kontrolle; es macht den gläsernen Menschen aus. Die ausgearbeitete Lehre vom Gewissen sollte in erster Linie die mentale Bindung des einzelnen klarstellen, nicht seine Freiheit. Aber man konnte diese mentale Bindung nur als eine Begrenzung der Freiheit des Handelns und der praktischen Vernunft thematisieren; folglich redete man also notwendig doch über die Freiheiten, die das Gewissen eröffnet, und setzte mit jeder Rede über das Gewissen den Zusammenhang von sittlichem Innenraum und Person – ursprünglich ein römisch-rechtlicher Begriff – absolut. Die logische Konsequenz dieser Verknüpfung war, daß die Person (sofern es sich nicht um eine Körperschaft handelte) im Kirchenrecht zunehmend über diesen Innenraum definiert werden konnte, also als Subjekt ihrer Handlungen, in dem Maße, in dem sie lernte, dieses Subjektsein selbst wahrzunehmen. So ist der Begriff »Subjekt« in der Betrachtung des Sittlichen scholastisch gedacht: Der einzelne Mensch ist seinen Handlungen unterworfen, *sub-iectus*, und er liegt ihnen zugrunde, ist ihr *sub-iectum*. Dieses Zugrundeliegen macht ihn vor Gott unverwechselbar; das Bewußtsein davon unterscheidet ihn von anderen Menschen. Von hier aus ist es nur noch ein, wenn auch ein fast dreihundert Jahre dauernder, Schritt bis zu der Folgerung, daß das sittliche Bewußtsein vom Subjektsein – also das Gewissen – und die göttliche Individuierung der Seelen genau dasselbe meinen müssen, damit Glaube sinnvoll gedacht werden kann. So schaut die mittelalterliche Beschreibung des Gewissensphänomens auf die neuzeitliche Individualität voraus wie Moses aufs gelobte Land.

Für die Hochscholastik war Gewissen durch den riesigen Schub an Theoriebedürfnis, den die Einführung der Ohrenbeichte bedeutete, von einem marginalen Gegenstand zu einem wichtigen Thema der praktischen Philosophie und Theologie geworden. Wie beinahe alle bedeutenden Lehren der mittelalterlichen Philosophie ist auch die über das Gewissen erst im Widerstreit zweier rivalisierender Bettelmönchsorden voll ausgearbeitet worden. Diese Orden waren damals noch jung, sie waren Gründungen erst des 13. Jahrhunderts, und ihre Organisationsstrukturen – Niederlassungen vor allem in Städten, zentrale Verwaltung und zentrales Bildungswesen, lokale Mobilität – kamen der Ausbildung neuer intellektueller Eliten sehr entgegen, zumal diese Orden anfänglich keine Bedingungen an Stand oder Vermögen der eintretenden Mönche stellten. Zur gleichen Zeit setzten sich neue Schulformen durch: die mittelalterlichen Universitäten. Sie wurden für die neuen Orden zu einer Herausforderung und einer Chance, sich theologisch zu profilieren. Die Universität Paris, um 1200 gegründet, besaß in der Mitte des 13. Jahrhunderts bereits einen eigenen theologischen Lehrstuhl für die Dominikaner und einen für die Franziskaner. Thomas von Aquin und Bonaventura (beide gest. 1274) lehrten dort: Thomas für den Dominikanerorden von 1256 bis 1259 und von 1269 bis 1274;

Bonaventura wurde, nachdem er 1243 beim Eintritt in den Franziskanerorden seinen ursprünglichen Namen Johannes Fidanza abgelegt hatte, in Paris 1253 Lehrer der Theologie auf dem Lehrstuhl der Franziskaner. Die für diesen Band ausgewählten Schriften gehören zu den typischen Universitätsgattungen.

Die eingehendsten Auseinandersetzungen des Thomas mit dem Gewissensproblem stehen in den »Quaestiones disputatae de veritate«, entstanden zwischen 1256 und 1259. Wörtlich heißt der lateinische Titel: Diskutierte Fragen über die Wahrheit, aber eine solche Übersetzung ist nur bedingt sinnvoll, denn bei einer »Quaestio disputata« handelt es sich um eine literarische Gattung. Quaestiones disputatae gehen auf wirkliche wissenschaftliche Disputationen zurück. Sie verhalten sich zu diesen in etwa wie heute ein Tagungsband zur Tagung, aber ihr Ziel ist nicht die Dokumentation des Streites, sondern die Entwicklung seiner Lösung. Deshalb gibt die literarische Form der Quaestio nur einem Autor, dem Leiter des Streitgespräches, das Wort. Wie die zugrundeliegende Form ihrer öffentlichen Aufführung gibt auch das literarische Genus nur ihm Gelegenheit, recht zu behalten: Er setzt sich, nachdem alle Argumente vorgebracht sind, unter systematischem Aspekt mit ihnen auseinander, widerlegt sie und entwickelt daraus seine eigene Auffassung. Das heißt: Die Textteile, die die Argumente für oder gegen eine vorgeschlagene Lösung beibringen, können im Referat des Autors fremde Auffassungen wiedergeben. Man kann also diese Partien nicht so zitieren, als handele es sich um originäre Lehren und eigene Positionen des Autors. Aber sie sind sehr wichtig, wenn man verstehen will, wie der Autor das Problem für sich strukturiert, wen er als Gegner ernstnimmt und wo er am ehesten Begründungsbedarf sieht. Die Quaestiones disputatae »De veritate« des Thomas von Aquin zählen zu seinen Frühwerken.[12]

Bei Bonaventura, dem Ordensgeneral der Franziskaner, stehen die wichtigsten Äußerungen zum Gewissensproblem im Kommentar zu den Sentenzen des Petrus Lombardus, einem wichtigen theologischen Lehrwerk des mittelalterlichen Schulbetriebs. Solche Sentenzenkommentare mußten im 13. Jahrhundert alle Theologen im Laufe ihrer universitären Karriere verfassen, noch ehe sie selbst lehrten. Die Kommentare waren nicht Selbstzweck, sondern vermittelten einen zentralen Lehrgegenstand. Petrus Lombardus (gest. 1164) gehörte der Theologengeneration nach Abälard an und hatte, wie andere Theologen seiner Epoche auch, den Versuch unternommen, ein theologisches Grundlagenbuch aus Zitaten der Kirchenväter zusammenzustellen. Es sollte im Unterschied zu einem Florileg, also einer reinen Zitatensammlung, wie eine geschlossene Abhandlung unter systematischem Gesichtspunkt benutzt werden können. Dazu mußten die Autoritäten zueinander ins Verhältnis gerückt und in ihren Widersprüchen harmonisiert werden. Petrus Lombardus bediente sich dabei einer Methode, die zuerst in der Kanonistik (Bernold von Konstanz, gest. 1100) erprobt worden war: des Abwägens von Ja und Nein, Pro und Contra in der Absicht, eine vermittelnde Lösung zu finden. Er war dabei methodisch nicht so entschieden wie Abälard in »Sic et non«[13], und seine patristische Bildung

---

12 Eine historische Hinführung zu »De veritate« bietet Albert Zimmermann in der Einleitung seiner zweisprachigen Ausgabe der Quaestio: Thomas von Aquin, Von der Wahrheit – De veritate, Quaestio I, lat.-dt., ausgewählt, übers. u. hg. v. A. Zimmermann, Hamburg 1986, S. IX-XLII.

13 Abälard hatte im Prolog zu Sic et non, PL 178, Sp. 1339–1349, explizite Kriterien des Herangehens an Widersprüche der

blieb, wenn man Martin Grabmanns Einschätzung vertrauen will, hinter der Hugos von St. Victor zurück.[14] Weil er aber von beiden gelernt hatte, ohne direkt in eine Schule zu gehören, taugte seine Schrift gut dazu, den schulübergreifenden Ertrag aus den Theologien der Vorgängergeneration zu ziehen; sein Buch wurde zum Lehrbuch und ist es über Jahrhunderte geblieben. Bonaventura hat die Sentenzen 1250–52 kommentiert.

Aus dieser geistigen Situation ist es erklärbar, daß man die Äußerungen des Thomas und des Bonaventura über das Gewissen wie einen schriftlich fixierten Dialog der Autoren lesen kann. Zentrale Motive wiederholen sich, werden aber unterschiedlich bewertet; die scholastische Methode des Abwägens von möglichen Argumenten macht es zudem zur Pflicht, die Gegenpositionen zu nennen. Beide Lehrer, Thomas und Bonaventura, leiten das Gewissensurteil aus der Tätigkeit der praktischen Vernunft her.

Für Thomas ist das Gewissen (*conscientia*) der einzelne Urteilsakt: die praktische Vernunft wendet Wissen auf eine Handlung an, und diese Anwendung ist das Gewissensurteil.[15] Die Redeweise, nach

---

christlichen Vätertradition entwickelt: Ist das Zitat echt? Hat sich der Autor möglicherweise später selbst korrigiert? Wie verpflichtend ist sein Ausspruch theoretisch und praktisch? Vgl. M. Grabmann, Die Geschichte der scholastischen Methode, Bd. 2, Reprint Berlin 1988 zur Ausgabe Freiburg 1911, S. 200f.

14 Grabmann, Geschichte (wie Anm. 13), S. 369.

15 Die Spezialliteratur zu Thomas ist kaum zu überblicken und kann hier nicht bibliographiert werden. Zum Einstieg in die Problematik sind geeignet: O. Renz, Die Synteresis nach dem hl. Thomas von Aquin, Münster 1911 (Beitr. z. Gesch. d. Phil. d. Mas. X,1–2); A. Schoenenberger, Das Gewissen nach der Lehre des hl. Thomas von Aquin, Weida 1924; W. Kluxen, Philosophische Ethik bei Thomas von Aquin, Mainz 1964 (Walberberger Studien der Albertus-Magnus-Akademie 2).

der auch das Vermögen, aus dem der Akt entspringt, Gewissen heißt, wird nur als geläufige Vergröberung zugelassen. Eigentlich gibt es, sagt Thomas, Gewissen nur als Vernunftakt. Dieser wird als logischer Schluß aus ersten sittlichen Prinzipien und sekundären Annahmen verstanden. Die Prinzipien sind unwandelbar richtig und der Vernunftseele habituell mitgegeben; diese natürliche Anlage ist die *synderesis*. Die sekundären Annahmen können falsch sein; auch falsche Schlüsse sind möglich. Dadurch kann das Gewissen irren. Wenn das geschieht, ist der Mensch dennoch verpflichtet, seinem Gewissen zu folgen, denn das Urteil seiner praktischen Vernunft ist für ihn das höchsterreichbare. Es gilt mehr als eine Weisung von geistlichen Vorgesetzten: Praktische Vernunft der Gewissensentscheidung ist also im Zweifelsfall subjektive und subjektgebundene Vernunft, auch wenn ihre Grundsätze allen Menschen gemeinsam sind. Sie ist aber gleichzeitig im höchsten Grade allgemein, insofern sie von Gott kommt und zu ihm hinstrebt. Übersprungen wird dabei die mittlere, mitmenschliche Ebene. Die Rationalität des Gewissensentscheids gehört also zu einer Ratio der ersten Person: des Ich und des Wir, nie des Du und des Ihr. Die gottgegebene Naturausstattung *meiner* Seele ist unter Menschen das bestgeeignete Instrumentarium zur Untersuchung *meiner* Angelegenheiten.

Auch bei Bonaventura gehört das Gewissen (*conscientia*) zur praktischen Vernunft; er bestimmt es aber als Habitus, also als gewohnheitsmäßige Haltung.[16] Das heißt: Das Gewissen kann irren, weil die

---

16 Aus der verzweigten Literatur zu Bonaventura sei zur Einführung eine vorzügliche Einleitung von Andreas Speer (mit viel weiterführender Literatur) empfohlen: Bonaventura, Quaestiones disputatae de scientia Christi, übers., komm. u.

praktische Vernunft irren kann; solange aber das Gewissen irrt, verharrt die praktische Vernunft in einer falschen Haltung und produziert ständig Fehlurteile. Sie kann die Bedingungen für diese Fehlurteile auch bei erneuter Überprüfung nicht in jedem Fall selbst erkennen, und selbst wenn die spekulative Vernunft ihr hilft, können beide nicht notwendig selbst herausfinden, wodurch die praktische Vernunft irrt. Ihr sicheres Korrektiv liegt nicht in einem vernünftigen Vermögen. Bonaventura versteht die *synderesis* als ein natürliches Lot, das auf den Willen wirkt und ihn immer in eine Richtung, hin zum Guten, lenkt. So entsteht erst im falschen Wollen und Handeln, das dem irrenden Gewissen folgt, ein Unbehagen durch den Widerspruch zur sittlichen Naturorientierung des Willens. Aber auch dieses Unbehagen kann durch starke Triebe temporär unterdrückt werden. Da man unter diesen Voraussetzungen die Sünde immer schon tut, ehe man den eigenen Irrtum überhaupt bemerken kann, stellt Bonaventura eine Art Beratungspflicht auf. So bedeutet seine Forderung, ein irrendes Gewissen aufzugeben, nicht etwa, der Mensch solle überhaupt auf ein Gewissen verzichten, sondern seine praktische Vernunft solle zu der in Rede stehenden Tatabsicht eine neue Haltung einnehmen. Nichtsdestotrotz ist auch für Bonaventura jedes vernunftwidrige Handeln Sünde – also auch eines, das sich über ein irrendes Gewissen hinwegsetzt, solange dieses Gewissen als Vernunfthabitus bestehenbleibt. Damit bringt jede wirkliche Fehleinschätzung seiner Lage den Menschen in ein echtes

---

mit Einleit. hg. v. A. Speer, Hamburg 1992, S. XI–LXII. Für das Gewissensproblem: H. Baum, Das Licht des Gewissens, Zu Denkstrukturen Bonaventuras, Frankfurt/Bern/N. York/Paris1990. Die Untersuchung stellt Texte für einen Vergleich von Thomas und Bonaventura bereit.

Dilemma: Er sündigt, wenn er ihr folgt, und sündigt, wenn er ihr nicht folgt.

Beide Entwürfe stammen von Theologen aus Bettelorden. Diese triviale Tatsache hatte weitreichende Folgen, vor allem im nächsten, im 14. Jahrhundert. Prediger aus beiden Orden waren nicht an Pfarrkirchen und die Einteilung der Sprengel gebunden, sie durften aber wie die Weltgeistlichen, die diese Rücksicht nehmen mußten, die Beichte abnehmen und lossprechen. Die Dominikaner übernahmen im Laufe des 13. Jahrhunderts die geistliche Leitung von immer mehr religiösen Frauengemeinschaften, und auch die Franziskaner hatten einen weiblichen Zweig. Die Sorge um die Seelen, früher alleinige Aufgabe des ortsfesten Weltklerus, wurde zu einem wichtigen Auftrag dieser Orden. Dabei hatten sie es zum einen mit breitesten Volksschichten zu tun, die Latein weder sprachen noch verstanden, zum anderen mit interessierten und gebildeten, aber nicht systematisch ausgebildeten Laien beiderlei Geschlechts. Gerade in den Städten, den bevorzugten Wirkungszentren der Bettelorden, waren die Familien, die die Klöster am nachhaltigsten fördern konnten und durchaus auch wollten, Laien – in Hinsicht auf geistliche Weihen, in theologischer Hinsicht und oft auch in Bezug auf ihre Sprachkompetenz. Auch Klosterfrauen befanden sich, vom Standpunkt der theologischen Hochkultur aus, meist auf dem Stand einer intelligenten Halbbildung. Ihrer aller Bedürfnis nach Unterweisung richtete sich vor allem auf Fragen der Lebensführung, also vordringlich auf die religionspraktische Bewandtnis von ethischen Problemen. Die inzwischen fest installierte mindestens jährliche Beichte gab dafür den äußeren Handlungsrahmen ab. Hier wurde aber nicht einfach eine Vorschrift erfüllt. Das europäische 14. Jahrhundert erlebte Türkeneinfälle und Pest. Es sah darin, soweit es sehen konnte, globale Probleme und suchte ihnen vor allem mit der Sorge um das eigene Heil zu begegnen. Die Ökologie des späten Mittelalters hieß Laientheologie. Sie war weit gefächert: vom Mitverfolgen lateinisch-theologischer Lehren und Entwicklungen bis zur anspruchsvolleren Erbauungsliteratur.

Das Beispiel Meister Eckharts (gest. 1328), dessen Werk in Deutschland die epochale Wende einleitet, zeigt deutlich die Schwierigkeiten, in deutschen Worten etablierte Lehren der lateinischen Theologie wiederzugeben. Es zeigt auch die Chance, die mit diesem Medienwechsel verbunden ist. Das deutsche Wort ist begrifflich nicht festgelegt, folglich ungenauer. Es hat andererseits eine Aura, die der lateinische Begriff verloren hat. Eine längst konventionelle Lehre in lateinisch abgeschliffenen Worten wirkt dadurch deutsch neu und besonders; über die sprachlichen Anklänge tun sich neue Assoziationsfelder auf, die es entweder im Lateinischen nicht gab oder die dort durch usuelle Verfestigung nicht mehr wahrgenommen wurden. Die Eckhartsche Funkenmetaphorik ist dafür ein gutes Beispiel. Der Funke (*scintilla*) steht bei Eckhart meist für den ungeschaffenen Seelengrund, der gleichewig ist mit Gott und die immerwährende Schöpfung mitträgt. In der deutschen Predigt über Lukas 14,16 (*Homo quidam fecit cenam magnam*) wird er aber auf die *synderesis* bezogen. Das ist eigentlich nichts Besonderes, denn in der gesamten theologischen Tradition ist – mit Hieronymus – die *synderesis* seit jeher *scintilla conscientiae*. Aber Eckhart spricht nicht von der *scintilla conscientiae*, vom Funken des Gewissens, wie zu erwarten wäre, sondern benutzt *daz vünkelîn der sêle*. Das wäre lateinisch wörtlich die *scintilla animae*, aber trotzdem mag *vünkelîn der sêle* eine Wiedergabemöglichkeit für *scintilla conscientiae* gewesen sein, denn es gab

keine feste Lehnübersetzung für *conscientia*. Noch
Luther wird gelegentlich *Herz* für *conscientia*
schreiben, das ist nicht näher an *conscientia* als *Seele*. Eckhart also benutzt für die *synderesis* den Ausdruck, mit dem er sonst den ungeschaffenen, mit
Gott gleichewigen Seelengrund belegt; allerdings
geht er nicht so weit, vom *vünkelîn in der sêle* zu
sprechen, wodurch die terminologische Ähnlich-
keit bis zur Übereinstimmung getrieben würde. Er
folgt nämlich auch in seinen deutschen Bezeichnungen weitgehend der lateinischen terminologi-
schen Sonderung von *aliquid animae* (ein Etwas
der Seele) für Geschaffenes und *aliquid in anima*
(etwas in der Seele) für Ungeschaffenes. Durch die
fast völlige Bezeichnungsgleichheit mit dem »Funken in der Seele« wächst dem Gewissensproblem
ein ganz anderer Assoziationshintergrund zu. Er ist
in der Philosophie an die Namen der dominikani-
schen Theoretiker Dietrich von Freiberg und Bert-
hold von Moosburg geknüpft.[17] Die Predigt handelt
also von den Gemeinsamkeiten und Unterschieden
der beiden Konzeptionen vom Seelenfunken: unge-
schaffener, göttlicher Seelengrund oder geschaffene, gottebenbildliche Naturausstattung? Sie stellt
klar, daß man die Funkenkonzeption der theologischen Tradition, also den Funken als das mitge-
schaffene Bild Gottes im Menschen, das für seine
sittliche Grundorientierung verantwortlich ist,
nicht zwingend ablehnen muß, wenn man selbst
einen ungeschaffenen, göttlichen Seelengrund
oder -funken bzw. eine solche Seelenkraft ansetzt.
Im Gegenteil: Beide Konzeptionen ähneln einan-

---

17 Vgl. K. Flasch, Procedere ut imago. Das Hervorgehen des In-
    tellekts aus seinem göttlichen Grund bei Meister Dietrich,
    Meister Eckhart und Berthold von Moosburg, in: Abendlän-
    dische Mystik im Mittelalter, Symposion Kloster Engelberg
    1984, hg. v. K. Ruh, Stuttgart 1986, S. 125–134.

der. Die einzige Lehre, von der sich Eckhart explizit abgrenzt, ist die Auffassung der *synderesis* als *ein kraft der sêle*: am ehesten wohl auf die *potentia animae* seines franziskanischen theologischen Widerparts Bonaventura zu beziehen.

Mit Eckhart bereitet sich die Ankunft der theologischen Gelehrsamkeit – und ihres Problembewußtseins – in der volkssprachlichen Literatur vor. In der gleichen Zeit, in der immer mehr Scholastikübersetzungen und deutsche religiös-theologische Traktate entstehen, also seit der Mitte des 14. Jahrhunderts, bleiben die neuen Ideen, die eigenständigen Entwürfe zum Thema Gewissen in der lateinischen Theologie aus. Es ist, als hielte die scholastische Ethik sich selbst im Zaum, als wolle sie sich kaum noch bewegen und keine beunruhigenden Theorien hervorbringen, seit beinahe jede Theorie in den Volkssprachen wiederzugeben versucht wurde. Das Thema nicht zu bearbeiten war aber auch unmöglich, aus praktischen Gründen: So wechselt die Gewissensdiskussion das Medium und die Sprache. In Predigten und Erbauungsschriften ist ständig von dem Phänomen Gewissen die Rede. Auf deutsch, französisch, englisch, italienisch, mit den Mitteln dieser Sprachen, also ohne das ausgebildete begriffliche Inventar des Lateinischen. Wie in jeder nachholenden Bewegung sind die Anfänge flach. Das Problembewußtsein eines Thomas oder Bonaventura scheint unrettbar verloren. Nur die Nachgeborenen wissen, daß diese Literatur der Reformation unmittelbar zuarbeitet; den Zeitgenossen muß sie als eine literarische Mode erschienen sein, die wie jede Mode nirgendwohin führt. Was wird hier verhandelt?

Das Gewissen reden machen heißt, ihm eine Sprache zuzuweisen. Ansatzweise stellte sich das Problem schon bei Bonaventura: Welches ist die »Muttersprache« des Gewissens, wenn es selbst der praktischen Vernunft zugehört, aber durch ein affektives Vermögen – die *synderesis* – korrigiert wird? Von Thomas aus müßte man anders fragen: Spricht das Gewissen dergestalt die Sprache des Geistes, daß der Ungeschulte grundsätzlich schlechter urteilt, folglich mehr sündigt, auch wenn er dafür vor Gott freigesprochen wird? Das Sprach-, genauer: Ausspracheproblem des Gewissens folgt in beiden Fällen daraus, daß es selbst die sittliche Naturanlage, die *synderesis*, verstehen und ins Urteil einbeziehen, das heißt: sich übersetzen muß. Das Sprachproblem wird dort manifest, wo man sich den einzelnen als vor Gott stehend denkt, also im retrospektiven Gewissensurteil. In den Grenzen des einzelnen ist es sehr wohl möglich anzunehmen, daß das Gewissen die Sprache des Geistes spricht, den Gott der Seele verliehen hat. Die Gewissenserforschung vollzieht sich aber in äußerlichem Sprechen, und konsequenterweise müßte man annehmen, daß dieses notwendig hinter dem inneren Sprechen zurückbleiben muß. Dann wäre das, was man über sein Gewissen mitteilen kann, immer nur ein schwacher Schatten seiner Wahrheit. Andererseits soll ja gerade dieser Vorgang des Sich-Aussprechens dazu führen, daß man entschuldigt wird, und zwar zur Gänze, nicht nur in den Grenzen des Sagbaren. Aus diesem Dilemma gibt es – rein systematisch betrachtet – nur zwei Auswege: den, die natürliche Muttersprache des Individuums als Sprache seines Gewissens und damit gleichsam als einen Dialekt der Gottessprache zu akzeptieren – oder vor Gott und von allem, was Gott angeht, zu schweigen. Die literarischen Formen, die eine dieser Annahmen naiv zugrundelegen, kann man, wenn man will, als mystisch bezeichnen.

Aber das erklärt nichts. Mystik in diesem Sinne, will sagen: persönliche Frömmigkeit, die das gott-ebenbildliche Individuum konstituiert, war viel-mehr schon zum Programm der europäischen Christenheit geworden, als das Bußsakrament mit der Ohrenbeichte verknüpft wurde – also 1215. Wenn der Mensch schon entschuldigt wird, wenn der Priester ihn so hört, wie er sich selbst laut hört, wird die Übersprache der unmittelbaren Geistverbindung entbehrlich. Sie muß aber theo-logisch zwingend angenommen werden, wenn an-ders die Verständigung mit Gott nicht auf dersel-ben Ebene liegen soll wie die mit einem menschli-chen Diener der Kirche. Folglich wird nicht die Geistsprache fallengelassen, sondern die natürli-che Sprache nobilitiert: Das Gewissen spricht in der Muttersprache. Es ist eine Seitenlinie dersel-ben Entwicklung, die in ganz Europa auch zur Durchsetzung volkssprachlicher Bibeltexte führt.

Marquard von Lindau (gest. 1392) war am Ende des 14. Jahrhunderts ein bekannter Theologe und Pre-diger aus dem Franziskanerorden.[18] Er ist, soweit wir heute sehen – eine Werkausgabe fehlt noch – kein Urheber imposanter theoretischer Systeme. Seine Äußerungen über das Gewissen reflektieren das Phänomen im Rahmen allgemein geteilter theologischer Tradition. Sie leiten aber in der Volks-sprache zum Umgang mit dem Gewissen an. Das ausgewählte Textstück aus der im Mittelalter reich (und in drei verschiedenen Fassungen) überliefer-

---

18 Über Marquard einführend: N. Palmer, Marquard von Lindau OFM, in: Die deutsche Literatur des Mittelalters. Ver-fasserlexikon, 2. Aufl. hg. v. K. Ruh, Bd. 6, Sp. 81–126. Den theoretischen Ort von Marquards deutschen Predigten be-handelt: R. Blumrich, Feuer der Liebe. Franziskanische Theologie in den deutschen Predigten Marquards von Lin-dau, in: Wissenschaft und Weisheit, Bd. 54, 1991, S. 44–55.

ten Erklärung der Zehn Gebote liest sich auf den ersten Blick trivial. Das ist es aber nicht ganz, denn es nimmt immerhin in deutscher Sprache Stellung zu dem theoretisch schwierigen Problem des irrenden Gewissens. Marquard lehrt: Ein irrendes Gewissen kann dazu führen, daß ein Mensch seine Seelenruhe nicht wiederfindet. Aber das ist nur eine von drei möglichen Ursachen; er kann auch vom bösen Geist gequält oder vom heiligen Geist aufgefordert werden, noch einmal und umfassend zu beichten. Daß sich das irrige Gewissen hier in einer edlen Gesellschaft der Geister befindet, sei nur nebenher angemerkt. Wichtig ist seine Lösung: Hat der Mensch getan, was er vermochte, so ist die eine Ursache (die Nachforderung des heiligen Geistes) ausgeschlossen, und die verbleibenden zwei Arten der seelischen Unruhe behandelt Marquard, als kämen sie vom Teufel: Selbst das irrende Gewissen hätte also Ruhe verdient.

So liegen am Ausgang des Mittelalters die verschiedensten Modelle und Ansätze für »Gewissen« bereit. In der lateinischen Theologie war es konzeptionell diskutiert worden, in der volkssprachlichen Literatur gewann das Problemfeld an Bedeutung. Luther – das sei hier als Ausblick angedeutet – wird den Gewissensbegriff von seiner Zweisträngigkeit aus *synderesis* und *conscientia* wieder in eine Bahn zurückführen. Sein Wort »Gewissen« wird durch den deutschen Bibeltext bald etabliert. Es bezeichnet noch das sittliche Mitwissen von jeder Einzelhandlung, aber auch schon mehr, die personale Mitte jeder Verantwortung, das Ich vor Gott. Das ist so gedacht: Gott spricht den einzelnen an, und der versteht, daß von ihm die Rede ist, und zwar versteht er es nicht ausnahmsweise, im Sinne der auszeichnenden Gnade einer Vision, sondern er versteht es mit Notwendigkeit.[19] Dann hat der Mensch darüber Gewißheit, daß die Vereinzelung gegenüber dem anderen, die er durch sein Gewissen erlebt, genau identisch ist mit der Individuierung der Seelen, die Gott vornimmt. Das Ich weiß in seinem Gewissen, daß es ein Ich ist; dieses Wissen teilt es mit Gott.

Die Bedeutungen der Wörter für »Gewissen« in europäischen Sprachen spiegeln noch heute die historische Differenzierung der Sicht, die sich im 16. Jahrhundert im Verhältnis zur Reformation ergeben hat: Das französische *conscience* ist näher an der Bedeutung »handlungsbegleitendes Bewußtsein, Selbstbewußtsein« geblieben;[20] das Englische unterscheidet die Lexeme *conscience* und *consciousness*, die beide lat. *conscientia* wiedergeben können.

Die Textauswahl in diesem Band macht an der Epochenschwelle Reformation Halt. Er zeichnet also eine Phase der Begriffsgeschichte nach, die sich in einem relativ einheitlichen Diskussionsrahmen abspielt, und zeigt gerade noch dessen Öffnung. Danach beginnen sich die Ansätze zu diversifizieren, wodurch auch moderne Fächerunterscheidungen für eine Beschreibung an Bedeutung gewinnen. Daß die Begrenzung insofern auch mit der begrenzten Kompetenz des Herausgebers zusammenhängt, soll nicht verschwiegen werden. Sich in die Neuzeit hineinzulesen beginnt man sinnvollerweise mit

---

19 Vgl. dazu: Y. J. E. Alanen, Das Gewissen bei Luther, Helsinki 1934; E. Hirsch, Lutherstudien, Bd. 1, Gütersloh 1954; M. G. Baylor, Action and Person, Conscience in Late Scholasticism and the Young Luther, Leiden 1977.

20 Auch hier gibt es eine durch Calvin geprägte protestantische Phase der Begriffsentwicklung, die aber nicht dominant geblieben ist. Vgl. zur Übersicht: R. Lindemann, Der Begriff der conscience im französischen Denken, Jena/Leipzig 1938.

dem Artikel von Hans Reiner im »Historischen Wörterbuch der Philosophie«[21] und Heinz Kittsteiners
Buch »Die Entstehung des modernen Gewissens«.[22]
Kittsteiners Auswahlkriterien für die Kurzbibliographie sind für eine Orientierung innerhalb der
ausufernden Gewissens-Literatur recht zuverlässig. Folgende Titel konnte er allein wegen des Erscheinungsjahres noch nicht aufführen:

Andersen, H.: Odyssee des Gewissens. Stuttgart
  1992.
Barbour, J.D.: The conscience of the autobiographer. Basingstoke 1992.
Comenius, J.A.: Vindicatio famae et conscientiae,
  übers. u. eingel. v. J. Beer (lat.-dt.), St. Augustin
  1994.
Hammond, G.B.: Conscience and its recovery. Charlottesville 1993.
Hohn, H.: Die Freiheit des Gewissens. Gewissensfragen in Gesellschaft, Politik und Recht. Heidelberg 1990.
Höver, G./L. Honnefelder (Hgg.): Der Streit um das
  Gewissen. Paderborn 1993.
Kaufmann, A.: Das Gewissen und das Problem der
  Rechtsgeltung. Heidelberg 1990.
Noichl, F.: Gewissen und Ideologie. Zur Möglichkeit
  der Rekonstruktion eines unbedingten Sollens.
  Freiburg 1992.
Pfeiffer, G.: Das Gewissen in geistesgeschichtlicher
  Sicht. Saarbrücken 1990.
Roemelt, J.: Anthropozentrische Aporie und christliches Gewissen. Freiburg/Schweiz 1994.
Schüller, B.: Überlegungen zum ›Gewissen‹. Opladen 1991.
Thiehle-Dohrmann, K.: Abschied vom Gewissen.

---

21 Vgl. Anm. 3.
22 Vgl. Anm. 5.

Die allmähliche Auflösung unserer moralischen Instanz. Hamburg 1991.
Valadier, Paul: Éloge de la conscience. Paris 1994.

Nicht über das Gewissen handelt
Foerster, H.v. (hg. v. Siegfried J. Schmidt): Wissen und Gewissen. Frankfurt 1993.

Zur Information anblättern sollte man vielleicht auch
Sala, G. B.: Gewissensentscheidung. Philosophisch-theologische Analyse von Gewissen und sittlichem Wissen. Innsbruck/Wien 1993;

nach der Lektüre dieses Buches erscheinen die Argumentationen mittelalterlicher Theologen als geradezu tollkühn.

Aber der Königsweg des Verstehens geht auch für den Gewissensbegriff über die Texte der großen Denker.

Erlangen, im Februar 1995   Uta Störmer-Caysa

ZU DEN ÜBERSETZUNGEN IN DIESEM BAND

Wer sich über die wichtigsten Stationen des Gewissensbegriffes nicht aus zweiter Hand, sondern aus den Primärtexten informieren will, wird feststellen, daß das nicht eben leicht ist. Von der klassischen deutschen Philosophie an sind die Ausgaben im günstigsten Fall auch in einer Stadtbücherei erreichbar. Was vorher liegt, muß man sich mühsam zusammensuchen und außerhalb von Universitätsstädten wohl über die Fernleihe bestellen. Für die Epochen bis Luther gibt es zusätzlich Sprachprobleme. Griechisch wäre von Vorteil, Latein ist unabdingbar. Das scholastische Latein ist syntaktisch einfacher als das klassische, hat aber eine hochentwickelte Begriffssprache. Man muß eingelesen sein, sonst kann man nur Sätze verstehen, aber keinen Text. Im Mittelhochdeutschen und Frühneuhochdeutschen wiederum bedeuten viele vertraute Wörter anderes als im heutigen Deutsch, und beide Sprachstufen haben eine Syntax, die von der des Neuhochdeutschen recht verschieden ist. Deshalb ist der vorliegende Band zusammengestellt worden. Interpretieren kann man nur Originaltexte; einen Verständnisrahmen zu schaffen kann eine Übersetzung sehr wohl helfen.

Der Band beginnt mit einer Übersicht über die Bibelstellen, die vom Gewissen reden. Die Bibel eignet sich wie kein anderes Buch zur Dokumentation der sprachlichen Transformationen von *syneidesis* über *conscientia* zu *Gewissen*. Von der Vulgata blickt man zurück ins Griechische und nach vorn zum Luthertext. Deshalb kann die Stellenübersicht »*Gewissen* biblisch« als einziger Text in diesem Band das Latein nicht völlig aufgeben. Der Lesbarkeit wegen ist der Luthertext in einer modernen, nämlich der revidierten Fassung von 1956 (NT) und 1964 (AT), mit der dort verwendeten Stellenzählung, angegeben. Auch für die Apokryphen benutzen wir einen revidierten Luthertext: Witten & Stuttgart 1971. Dagegen werden später die Bibelzitate mittelalterlicher Autoren in aller Regel neu übersetzt, weil Luther sich oft zu weit vom lateinischen Wortlaut entfernt hat, als daß man die Wortdeutungen scholastischer Autoren mit Hilfe der Lutherbibel nachvollziehen könnte.

Die folgenden Texte sind chronologisch geordnet. Augustinus und Hieronymus sind Zeitgenossen, ebenso wie Thomas und Bonaventura; hier waren die Entstehungsdaten der Werke maßgeblich für die Anordnung.

Unsere Vorlagen stehen in folgenden Ausgaben:

Augustinus, Confessiones, ed. L. Verheijen, Corpus Christianorum, Series Latina, Bd. 27, Turnhout 1981;

Hieronymus, In Hiezechielem, Cura et studio Francisci Glorie, Corpus Christianorum, Series Latina, Bd. 75, Turnhout 1964;

Peter Abaelards Ethics, An Edition with Introduction, English Translation and Notes by D. E. Luscombe, Oxford 1971;

Magistri Petri Lombardi Parisiensis Episcopi Sententiae in IV libris distinctae, Bde. 1–2, Grottaferrata 1971–1981;

Bonaventura, Opera omnia, Quaracchi 1882–1902;

S. Thomae Aquinatis Opera omnia ut sunt in indice thomistico additis 61 scriptis ex aliis medii aevi auctoribus curante R. Busa S.J., Stuttgart/Bad Cannstatt 1980 (die Ausgabe geht auf die jeweils besten verfügbaren Texte zurück, für De veritate bereits auf den kritischen Text der Editio Leonina, Bd. 22, Rom 1970);

Meister Eckhart, Die deutschen und lateinischen Werke, hg. im Auftrage der Deutschen Forschungsgemeinschaft, Stuttgart 1936ff., Abt. 1: Die deutschen Werke, hg. u. übers. v. J. Quint, 1958ff.;

Marquard von Lindau O.F.M., Das Buch der zehn Gebote (Venedig 1483),[23] Textausgabe mit Einleitung und Glossar hg. v.J.W. van Maren, Amsterdam 1984;

D. Martin Luthers Werke, Kritische Gesamtausgabe, Weimar 1883–1983, für die Römerbriefvorlesung;

Martin Luther, Studienausgabe, hg. v. H. U. Delius, Berlin 1979, für den Sermon über die Buße.

---

23 Der Druck, auf den van Maren sich stützt, gibt den Text der Redaktion C3, der umfangreichsten Redaktion überhaupt, in der die Dekalogerklärung überliefert ist. Diese Fassung ist handschriftlich vor dem Anfang des 15. Jahrhunderts nicht bezeugt. Für das ausgewählte Stück gibt es jedoch keine Zweifel darüber, ob es von Marquard stammt (oder vielleicht von einem späteren Bearbeiter), denn es stand bereits in der Redaktion A1, der mutmaßlich frühesten. Ich habe den Text von A1 an der Handschrift Göttingen, UB, Cod. theol. 285, fol. 24v–24ra verglichen. Die Zuordnung der Überlieferungsträger zu den Fassungen hat zuletzt Nigel Palmer unternommen: Ders., Latein, Volkssprache, Mischsprache. Zum Sprachproblem bei Marquard von Lindau. Mit einem Handschriftenverzeichnis der ›Dekalogerklärung‹ und des ›Auszugs der Kinder Israel‹. In: Spätmittelalterliche geistliche Literatur in der Nationalsprache. Bd. 1, Salzburg 1983 (Analecta Cartusiana 106), S. 70–110.

Dankbar konsultiert haben wir neben Übersetzungen der Herausgeber auch die folgenden Übertragungen:

Aurelius Augustinus, Bekenntnisse. Mit einer Einleitung von Kurt Flasch übers., mit Anmerk. vers. u. hg. v. K. Flasch und B. Mojsisch, Stuttgart 1989;

Des hl. Thomas von Aquino Untersuchungen über die Wahrheit, in deutscher Übertragung von E. Stein, Louvain/Freiburg 1952–1955;

Saint Thomas d'Aquin, Questions disputées sur la vérité, Questions XV–XVII, Texte, traduction et notes par J. Tonneau O.P., Paris 1991.

Wir geben aus inhaltlichen Gründen das Wort *synderesis* konsequent als *Gewissensgrund* wieder, gerade weil den Autoren, die es verwendet haben, seine ursprüngliche Bedeutung als *Bewahrung* (das wäre die wörtliche Wiedergabe von *synteresis*) dunkel war. Das Problem aller Übersetzung, daß ein Wort nicht in allen Kontexten in einunddasselbe Übersetzungswort einzufangen ist, wiegt bei philosophischen Texten besonders schwer. Wir haben uns dennoch in der tragenden Begrifflichkeit um eine gewisse Konsequenz bemüht und gerade im Feld der Geistesbetätigungen und der mentalen Fähigkeiten jedes geeignete deutsche Wort, auf das Gesamtkorpus gesehen, nur für ein einziges lateinisches »vergeben«. Folgende Übersetzungen wurden, wenn es der Kontext irgend zuließ, regelmäßig verwendet:

Begierde	*concupiscentia*
Begriffswörter	*termini*
besonderer (Adj.)	*specificus*
einzelner (Adj.)	*particularis*
empfangende Vernunft	*intellectus possibilis*

Erkenntnis	*cognitio*
Erleiden	*passio*
freie Entscheidung	*liberum arbitrium* (au-
(-sgewalt)	ßer im Titel für die Au-
	gustinische Schrift; dort:
	Wille)
Geist	*mens*; im Zitat auch: *spi-*
	ritus
Gewissen	*conscientia*
Gewissensgrund	*synderesis*
Intellekt, Synonym:	*intellectus*
Vernunft	
Kenntnis	*notitia*
Kraft	*vis*
Potenz, Synonym:	*potentia*
Vermögen	
Sündentrieb	*fomes*
tätige Vernunft/tätiger	*intellectus agens*
Intellekt	
Urteilskraft	*iudicatorium*
Vermögen, Synonym:	*potentia*
Potenz	
Vernunft, Synonym:	*intellectus*
Intellekt	
Verstand	*ratio*
Verstandesbilder	*species (intelligibiles)*
Wesen	*essentia*
Wille	*voluntas*
Wissen	*scientia*

Für lat. *actus* konnten wir keine deutsche Bezeichnung finden, die an allen Orten den richtigen Sinn wiedergibt. Das Fremdwort *Akt* haben wir dort stehengelassen, wo es sich um die Zuordnung zu den Aristotelischen Begriffen *actus*, *potentia* und *habitus* handelt. Dort wurde in der Regel auch *Potenz* beibehalten, um den systematischen Verweis auch sprachlich zu signalisieren. Einen Bedeutungsunterschied zwischen *Vermögen* und *Potenz* gibt es im Text jedoch nicht. Beim lateinischen *habitus* haben wir uns nach langem Ringen dazu entschlossen, das Fremdwort zu übernehmen. Die dominikanisch-benediktinische Übersetzung der »Summa theologica« hat *Gehaben*; wir haben auch *Haltung* oder *Einstellung* erwogen. Aber alle diese Übersetzungsvarianten schienen uns zu stark einengend, und auch diesen Begriff in eine Vielzahl von Einzelübersetzungen aufzusplittern barg die Gefahr, die Verweise zwischen den Argumenten aus den Augen zu verlieren.

Kapitelüberschriften der Ausgaben, die nicht von den Autoren stammen und von den Editoren mit dem Zeichen * markiert sind, haben wir für den leicht überschaubaren Text des Petrus Lombardus nicht übernommen, für Bonaventura aus Gründen der Übersicht über das Textganze aber mit gleicher Markierung stehengelassen.

Für Rat und Erklärungen haben wir Maximilian Forschner, Fidel Rädle und Rudolf Große, Matthias Kaufmann und Peter Christian Jacobsen zu danken. Sabine Seelbach, Burkhard Hasebrink und Antje Willing halfen uns bei den inhaltlichen und mechanischen Korrekturen. Die stehengebliebenen Irrtümer gehen selbstverständlich zu unseren Lasten. Wenn Sie es sind, der einen solchen findet: Schreiben Sie uns bitte. Denn das Gewissen des Philologen ist so beschaffen, als hätte Bonaventura es entdeckt: Es führt im Stande des Irrtums notwendig ins Unheil und ist auf Beratung angewiesen.

Erlangen und Göttingen,   Uta Störmer-Caysa
im Februar 1995   Almuth Märker

1. Griechisch *syneidesis* mit anderer
lateinischer Entsprechung als *conscientia*
Pred. 10,20: Fluche dem König auch nicht in Gedanken.
Eccl. 10,20: *In cogitatione (en syneidesei) tu regi ne
detrahas.*

Sir. 43,18: Er allein erforscht den Abgrund und der
Menschen Herzen und weiß, was sie gedenken.
Sir. 42,18: *Cognovit enim Dominus omnem scientiam
(syneidesin).*

2. Lateinisch *conscientia*, Lutherbibel:
Gewissen
Weish. 17,11: Und ein erschrocken Gewissen ver-
sieht sich immer des Ärgsten.
Sap. 17,10: *Semper enim praesumit saeva conturbata
conscientia.*

Apg. 23,1: Ich bin mit allem guten Gewissen gewandelt vor Gott bis auf diesen Tag.
Act. 23,1: *Ego omni conscientia bona conversatus
sum ante Deum usque in hodiernum diem.*

Apg. 24,16: Dabei übe ich mich, zu haben ein un-
verletzt Gewissen allenthalben gegen Gott und die
Menschen.

Act. 24,16: *In hoc et ipse studeo sine offendiculo conscientiam habere ad deum et ad homines semper.*

Röm. 2,14/15: Denn wenn die Heiden, die das Gesetz nicht haben, doch von Natur tun des Gesetzes Werk, so sind sie, obwohl sie das Gesetz nicht haben, sich selbst ein Gesetz; denn sie beweisen, des Gesetzes Werk sei geschrieben in ihrem Herzen, da ja ihr Gewissen es ihnen bezeugt, dazu auch die Gedanken, die sich untereinander verklagen oder entschuldigen.

Rm. 2,14/15: *Cum enim gentes, quae legem non habent, naturaliter ea quae legis sunt faciunt, eiusmodi legem non habentes ipsi sibi sunt lex; qui ostendunt opus legis scriptum in cordibus suis testimonium reddente illis conscientia ipsorum et inter se invicem cogitationum accusantium aut defendentium.*

Röm. 9,1/2: Ich sage die Wahrheit in Christus und lüge nicht, wie mir Zeugnis gibt mein Gewissen in dem heiligen Geist, daß ich große Traurigkeit und Schmerzen ohne Unterlaß in meinem Herzen habe.

Rm. 9,1/2: *Veritatem dico in Christo, non mentior testimonium mihi perhibente conscientia mea in Spiritu Sancto, quoniam tristitia est mihi magna et continuus dolor cordi meo.*

Röm. 13,5: Darum ist's not, untertan zu sein, nicht allein um der Strafe willen, sondern auch um des Gewissens willen.

Rm. 13,5: *Ideo necessitate subditi estote, non solum propter iram, sed et propter conscientiam.*

1. Kor. 8,7: Es hat aber nicht jedermann das Wissen. Denn etliche, weil sie bisher an die Götzen gewohnt waren, essen's als Götzenopfer; damit wird ihr Gewissen, weil es schwach ist, befleckt.

I Cor. 8,7: *Sed non in omnibus est scientia; quidam autem conscientia usque nunc, idoli quasi idolothytum manducant; et conscientia ipsorum, cum sit infirma, polluitur.*

1. Kor. 8,12: Wenn ihr aber so sündigt an den Brüdern und verletzt ihr schwaches Gewissen, so sündigt ihr an Christus.
I Cor. 8,12: *Sic autem peccantes in fratres et percutientes conscientiam eorum infirmam in Christo peccatis.*

1. Kor. 10,25: Alles, was feil ist auf dem Fleischmarkt, das esset, und forschet nicht nach, auf daß ihr das Gewissen nicht beschweret.
I Cor. 10,25: *Omne, quod in macello venit, manducate nihil interrogantes propter conscientiam.*

1. Kor. 10,28/29: Wenn aber jemand würde zu euch sagen: Das ist Opferfleisch, so esset nicht, um des willen, der es euch anzeigte, auf daß ihr das Gewissen nicht beschweret. Ich rede aber vom Gewissen, nicht von deinem eigenen, sondern von dem des andern. Denn warum sollte ich über meine Freiheit lassen urteilen von eines andern Gewissen?
I Cor. 10,28/29: *Si quis autem dixerit hoc immolatum est idolis, nolite manducare propter illum, qui indicavit, et propter conscientiam; conscientiam autem dico non tuam, sed alterius; ut quid enim libertas mea iudicatur ab alia conscientia?*

2. Kor. 1,12: Denn unser Ruhm ist dieser: das Zeugnis unseres Gewissens, daß wir in Heiligkeit und göttlicher Lauterkeit, nicht in fleischlicher Weisheit, sondern in der Gnade Gottes unser Leben in der Welt geführt haben, und das vor allem bei euch.
II Cor. 1,12: *Nam gloria nostra haec est, testimonium*

conscientiae nostrae, quod in simplicitate et sinceri-
tate Dei et non in sapientia carnali, sed in gratia Dei
conversati sumus in mundo, abundantius autem ad
vos.

2. Kor. 4,2: Sondern wir meiden schandbare Heim-
lichkeit und gehen nicht mit List um, fälschen auch
nicht Gottes Wort; vielmehr weisen wir durch Of-
fenbarung der Wahrheit uns aus vor aller Menschen Gewissen im Angesicht Gottes.
II Cor. 4,2: *Sed abdicamus occulta dedecoris non am-*
bulantes in astutia neque adulterantes verbum Dei,
sed in manifestatione veritatis commendantes nos-
met ipsos ad omnem conscientiam hominum coram
Deo.

2. Kor. 5,11: Weil wir denn wissen, daß der Herr zu
fürchten ist, suchen wir Menschen zu gewinnen;
aber vor Gott sind wir offenbar. Ich hoffe aber, daß
wir auch in eurem Gewissen offenbar sind.
II Cor. 5,11: *Scientes ergo timorem Domini homini-*
bus suademus Deo autem manifesti sumus; spero
autem in conscientiis vestris manifestos nos esse.

1. Tim. 4,1/2: Der Geist aber sagt deutlich, daß in
den letzten Zeiten werden etliche von dem Glauben
abfallen und anhangen den verführerischen Geistern und Lehren böser Geister durch die Heuche-
lei der Lügenredner, die ein Brandmal in ihrem
Gewissen haben.
I Tim. 4, 1/2: *Spiritus autem manifeste dicit, quia in*
novissimis temporibus discedent quidam a fide ad-
tendentes spiritibus erroris et doctrinis daemonorum
in hyprocrisi loquentium mendacium et cauteriatam
habentium suam conscientiam.

2. Tim. 1,3: Ich danke Gott, dem ich diene von meinen Voreltern her in reinem Gewissen, wenn ich

ohne Unterlaß dein gedenke in meinem Gebet Tag und Nacht.

II Tim. 1,3: *Gratias ago Deo, cui servio a progenitoribus in conscientia pura, quod sine intermissione habeam tui memoriam in orationibus meis, nocte ac die.*

1. Pt. 2,19: Denn das ist Gnade, wenn jemand vor Gott um des Gewissens willen das Übel erträgt und leidet das Unrecht.

I Pt. 2,19: *Haec est enim gratia, si propter conscientiam Dei sustinet quis tristitias patiens iniuste.*

1. Pt. 3,21: Was jenen da widerfahren ist, das geschieht nun in der Taufe zu eurer Rettung. Denn in der Taufe wird nicht die Unreinigkeit am Fleisch abgetan, sondern wir bitten Gott, daß er uns ein gutes Gewissen schenke, durch die Auferstehung Jesu Christi.

I Pt. 3,21: *Quod et vos nunc similis formae salvos facit baptisma, non carnis depositio sordium, sed conscientiae bonae interrogatio in Deum per resurrectionem Iesu Christi.*

Heb. 9,14: Wieviel mehr wird das Blut Christi, der sich selbst als ein Opfer ohne Fehl durch den ewigen Geist Gott dargebracht hat, unser Gewissen reinigen von den toten Werken, zu dienen dem lebendigen Gott!

Hbr. 9,14: *Quanto magis sanguis Christi, qui per Spiritum Sanctum semetipsum obtulit inmaculatum Deo, emundabit conscientiam nostram ab operibus mortuis ad serviendum Deo viventi.*

Heb. 10,2: Sonst hätte das Opfern aufgehört, weil die, die den Gottesdienst ausrichten, so sie einmal gereinigt wären, sich kein Gewissen mehr gemacht hätten über ihre Sünden.

Hbr. 10,2: *Alioquin cessassent offerri, ideo quod nullam haberent ultra conscientiam peccati cultores.*

Heb. 10,22: So lasset uns hinzugehen mit wahrhaftigem Herzen in völligem Glauben, besprengt in unsern Herzen und los von dem bösen Gewissen und gewaschen am Leibe mit reinem Wasser.

Hbr. 10,22: *Accedamus cum vero corde in plenitudine fidei, aspersi corda a conscientia mala et abluti corpus aqua munda.*

Heb. 13,18: Betet für uns. Unser Trost ist der, daß wir ein gutes Gewissen haben und uns befleißigen, guten Wandel zu führen in allen Stücken.

Hbr. 13,18: *Orate pro nobis; confidimus enim, quia bonam conscientiam habemus in omnibus bene volentes conversari.*

3. Lateinisch *conscientia*, Lutherbibel »Herz«

Pred. 7,22: Denn dein Herz weiß, daß du andern auch oftmals geflucht hast.

Eccl. 7,23: *Scit enim conscientia tua, quia et tu crebro maledixisti aliis.*

4. »Gewissen« in der Lutherbibel für anderes als *conscientia*

Hiob 27,6: An meiner Gerechtigkeit halte ich fest und lasse sie nicht; mein Gewissen beißt mich nicht wegen eines meiner Tage.

Iob 27,6: *Iustificationem meam, quam coepi tenere, non deseram nec enim reprehendit me cor meum in omni vita mea.*

Röm. 14,1: Des Schwachen im Glauben nehmt euch an und verwirret die Gewissen nicht.

Rm. 14,1: *Infirmum autem in fide adsumite, non in disceptationibus cogitationum.*

Kol. 2,16: So lasset nun niemand euch ein Gewissen machen über Speise oder über Trank oder über bestimmte Feiertage oder Neumonde oder Sabbate.

Col. 2,16: *Nemo ergo vos iudicet in cibo aut in potu aut in parte diei festi aut neomeniae aut sabbatorum.*

5. In der Auslegungstradition auf das Gewissen bezogen

Jes. 66,24: Und sie werden hinausgehen und schauen die Leichname derer, die von mir abtrünnig waren; denn ihr Wurm wird nicht sterben, und ihr Feuer wird nicht verlöschen, und sie werden allem Fleisch ein Greuel sein.

Is. 66,24: *Et egredientur et videbunt cadavera virorum, qui praevaricati sunt in me; vermis eorum non morietur et ignis eorum non extinguetur et erunt usque ad satietatem visionis omni carni.*

AURELIUS AUGUSTINUS
BEKENNTNISSE

Aus Buch 1, Kap. 18

Was aber nahm es wunder, daß ich mich zu prah-
lerischem Gehabe hinreißen ließ und mich von dir,
mein Gott, entfernte? Denn es wurden mir Menschen vor Augen gestellt, daß ich ihnen nacheifern
sollte; Menschen, die ganz verstört waren, wenn sie
von ihren beachtlichen Taten nicht in gutem Latein
erzählten oder wenn ihnen eine falsche Satzkon-
struktion unterlief und sie deswegen zurechtgewie-
sen wurden. Dieselben Menschen brüsteten sich
aber, sobald man sie lobte, wenn sie in untadeligen
und regelgerechten Wendungen wortreich und
Punkt für Punkt von ihren Lüsten erzählten. Du
siehst das, Herr, und schweigst, weil du »langmütig
und sehr barmherzig und wahrhaftig« bist. Wirst du
denn immer schweigen? Auch jetzt wirst du die Seele, die dich sucht und nach deinen Erquickungen
dürstet, aus dieser entsetzlichen Tiefe erretten; und
erretten den, dessen Herz dir sagt: »Ich habe ge-
sucht nach deinem Antlitz; dein Antlitz, Herr, will
ich suchen.« In der umnachtenden Leidenschaft bin
ich ja fern deinem Angesicht. Denn nicht auf Füßen
und nicht um Längen im Raum entfernt man sich
von dir oder kehrt man zu dir zurück. Oder aber der
verlorene Sohn, dein Sohn: Weder verschaffte er

sich Pferde oder Wagen oder Schiffe, noch flog er auf sichtbarem Fittich davon oder legte mit bewegtem Knie einen Weg zurück, damit er in einer weit entfernten Gegend in Saus und Braus lebe und das verschwende, was du ihm, ein liebevoller Vater, bei seinem Aufbruch gegeben hattest. Denn als liebevoller Vater hattest du ihn beschenkt, und dem heimkehrenden Bedürftigen warst du noch mehr zugetan. Mitten in der Leidenschaft der Lust ist man ja in einer Leidenschaft, die umnachtet, und weit entfernt von deinem Angesicht.

Sieh an, Herr, mein Gott, und sieh so geduldig, wie du siehst, wie sorgsam die Menschensöhne die Regeln für die Buchstaben und Silben befolgen, die sie von denen übernommen haben, die früher sprachen, und wie sie doch die ewigen Gebote des beständigen Heils, die sie von dir empfangen haben, gering achten, so daß einer, der die alten Regeln der Lautbildung einhält und unterrichtet, den Menschen mehr Mißfallen erregt, wenn er das Wort für »Mensch« gegen die Schulgrammatik ohne Aspiration der ersten Silbe als *omo* ausspricht, als wenn er gegen deine Gebote einen Menschen haßt, obwohl der ein Mensch ist. Das ist doch, als sei sein Gefühl gegen den verhaßten Menschen schlimmer, als den Haß selbst zu spüren, mit dem er gegen ihn in Raserei gerät; oder als würde einer den anderen, indem er ihn verfolgt, ärger verheeren, als er das eigene Herz verheert, indem er haßt! Und eins ist sicher: Das Wissen über Bauformen der Sprache sitzt nicht tiefer als das eingeschriebene Gewissen dafür, daß ich dem anderen antue, was er nicht leiden mag.

Wie verborgen bist du, der du in der Höhe wohnst und in der Stille, großer Gott allein, der du nach unerschöpflichem Gesetz strafende Blindheit über die verbotenen Begierden breitest. Wenn ein Mensch, weil er gern in dem Ruf stehen möchte,

die Übersetzer der Septuaginta völlig weggelassen haben; auch über die Funken, die durch den Glanz in der Luft schimmern; und über ihre leichten Federn, was im hebräischen Text nicht vorkommt; und auch über die Menschenhand unter ihren viergeteilten Flügeln an den vier Seiten und über all das übrige, was die prophetische Rede beschreibt.

Einige glauben, daß die vier Evangelien, mit denen ich mich auch in der Einleitung zum Matthäus-Kommentar beschäftigt habe, durch die Namen dieser vier Gestalten bezeichnet sind: Matthäus, weil er gewissermaßen einen Menschen beschrieben hat: »Das ist das Buch der Abstammung Jesu Christi, der da ist ein Sohn Davids, des Sohnes Abrahams«. Die Bezeichnung »Löwe« beziehen sie auf Markus: »Das ist der Beginn des Evangeliums von Jesus Christus, des Sohnes Gottes. Wie geschrieben steht beim Propheten Jesaja: Es ist die Stimme eines Rufenden in der Wüste: Bereitet den Weg des Herrn, macht seine Pfade gerade.« Die Bezeichnung »Stier« beziehen sie auf das Evangelium des Lukas, das mit dem Priesteramt des Zacharias beginnt. Die Bezeichnung »Adler« nehmen sie für den Anfang des Evangeliums nach Johannes, der beginnt, indem er sich zu Erhabenem aufschwingt: »Im Anfang war das Wort, und das Wort war bei Gott, und Gott war das Wort.« Darüber habe ich, was mir geraten schien, schon in der oben erwähnten Schrift gesagt. Des weiteren werden in der Apokalypse des Johannes das Aussehen und die Namen der vier Gestalten auf die vier Evangelien bezogen. Wie man die Beschreibung einer jeden Gestalt mit den Evangelien verbinden kann, werde ich an gegebener Stelle auszuführen suchen.

Andere dagegen, die der törichten Weisheit der Phi-

---

sie zum Teil unverständlich war und sich nicht durchsetzen konnte.

losophen anhängen, sehen in den beiden Cherubim des Tempels die zwei Hemisphären,[25] uns und unsere Antipoden,[26] gleichsam steigende und fallende Menschen. Die meisten beziehen nach Plato das Verständige, das Zürnende und das Begehrende in der Seele, das jener als *logikon, thymikon* und *epithymetikon* bezeichnet, auf den Menschen, den Löwen und den Stier. Sie setzen Verstand, Denken, Geist und Einsicht als einunddieselbe Eigenschaft, und sie siedeln diese Eigenschaft und die Weisheit im Gehirn an. Ungestüm dagegen, Zorn und Gewalt, die aus Galle bestehen, versetzen sie in den Löwen; weiter Verlangen, Ausschweifung und Vergnügungssucht in die Leber,[27] d. h. in den Stier, da er bei den Ackerdiensten bleibt. Das Vierte halten sie für das, was sich über diesen dreien und außerhalb

---

25 Im AT werden zwei Cherubim in 2. Mos. 37,7 erwähnt. Sie stehen einander gegenüber am Gnadenthron der Bundeslade und bedecken sie mit ihren Flügeln. Die folgende Deutung der Stelle auf den Aufbau der Welt in zwei Hemispären entspricht der exegetischen Gewohnheit, alle wichtigen Gedanken über den Aufbau der Welt biblisch zu stützen. Hieronymus kommt hier deshalb auf *Cherubim* zu sprechen, weil die *Gestalten* aus der hier ausgelegten Stelle (das Wort fällt schon Hes. 1,5) in den folgenden Kapiteln Hes. 9–11 von einem Autor, der den Grundtext später ergänzt hat, ausdrücklich als Cherubim bezeichnet werden. Auch die vier Gesichter werden dort wiederholt und diesmal eindeutig den Cherubim zugeordnet; endlich heißt es Hes. 10,15: »Es war aber dieselbe Gestalt, die ich am Fluß Kebar gesehen hatte«, d. h. dieselbe wie Hes. 1,5ff. Vgl. K. Koch/H. Schmoldt, Art. »Kerub«, in: Reclams Bibellexikon, hg. v. K. Koch, E. Otto, J. Roloff, H. Schmoldt, 3. Aufl. Stuttgart 1982, S. 268.

26 Die Antipoden, wörtlich: Gegenfüßer, sind nach Platon, Timaios 63a die Bewohner der entgegengesetzten Erdhalbkugel, deren Füße den unsrigen direkt entgegenstehen; für sie ist deshalb oben, wo für uns unten ist. Vgl. Aristoteles, De caelo, IV,1, 308a 20.

27 Nach griechischer Auffassung Sitz der Gemütsbewegungen und der Leidenschaften.

von ihnen befindet und was die Griechen als *syneidesis* (Mitwissen, Bewußtsein) bezeichnen. Die *syneidesis*,[28] der Funke des Gewissens, ist nicht einmal
im Inneren Kains, nachdem er aus dem Paradies
herausgeworfen worden war, erloschen. Und wir,
von Begierden oder Wut überwältigt und mitunter
von etwas getäuscht, das dem Verstand ähnelt, werden uns durch die *syneidesis* unseres Sündigens
bewußt.

Die Griechen begreifen die *syneidesis*, die sich mit
den anderen drei Eigenschaften nicht vermischt,
sondern diese korrigiert, als Kennzeichen des Adlers. In der Heiligen Schrift lesen wir gelegentlich,
daß sie als der Geist, »der uns vertritt mit unaussprechlichen Seufzern« [Röm. 8,26] bezeichnet
wird. »Denn niemand weiß, was im Menschen ist,
als allein der Geist, der in ihm ist.« [1. Kor. 2,11] Und
Paulus erbittet, als er an die Thessalonicher
schreibt, dieser Geist möge samt Seele und Körper
unversehrt bewahrt werden. Aber dennoch sehen
wir, daß auch das Gewissen selbst bei manchen ver-
derben und seinen Platz einbüßen kann, wie in den
Sprüchen geschrieben steht: »Weil der Gottlose in
die Tiefe der Sünder kam, ist er voll Verachtung«
[Spr. 18,3]. Das geschieht nämlich bei denen, die
nicht einmal Schande oder Scham bei ihren Verge-
hen empfinden und es verdienen zu hören: »Das
Gesicht einer Hure hast du bekommen, du kannst
nicht erröten« [Jer. 3,3].

---

28 Die Übersetzung muß das Wort *syneidesis* mehrmals neu aufnehmen, um die grammatischen Bezüge eindeutig wiederzugeben. Im lateinischen Text stand *syneidesis* nur ein
einziges Mal; sonst wäre die Verwechslung mit *synteresis*
kaum zustandegekommen. Vgl. Einleitung, S. 12.

Sünde gibt es einzig wider das Gewissen

Wie nun aber, wenn jemand fragte, ob die Verfolger
der Märtyrer oder Christi darin sündigten, daß sie
Gott zu gefallen glaubten? Oder wenn er fragte, ob
sie das, wovon sie meinten, es nie aufgeben zu dür-
fen, ohne Sünde hätten aufgeben können? Dann
kann ich nicht behaupten, sie hätten darin gesün-
digt. Schließlich habe ich oben davon geschrieben,
daß es Sünde sei, Gott zu mißachten oder in etwas
einzuwilligen, das man nicht glaubt billigen zu dür-
fen. Genausowenig kann ich sagen, daß es Sünde
sei, von nichts zu wissen oder nicht zu glauben,
selbst wenn ohne Glauben niemand gerettet werden kann. Die aber Christus nicht kennen und deswegen den christlichen Glauben von sich weisen,
weil sie meinen, er sei wider Gott – welche Verachtung haben sie darin für Gott, daß sie um Gottes
willen handeln und es deshalb für recht getan halten? Der Apostel sagt ja auch: »Wenn uns unser Herz
nicht abweist, haben wir Zuversicht zu Gott«, als
wollte er sagen: »Wo wir uns nicht gegen unser Gewissen vermessen, da fürchten wir grundlos, vor
Gott zu stehen, verantwortlich für unsere Schuld.«
Andererseits: Wenn derlei Unkenntnis nicht im
mindesten als Sünde anzurechnen ist – in welchem

52

Sinne betet der Herr für die, die ihn kreuzigen, und sagt: »Vater, vergib ihnen, denn sie wissen nicht, was sie tun«? Oder wieso bittet Stephanus, durch dieses Beispiel unterwiesen, für die, die ihn steinigen, und spricht: »Herr, rechne ihnen diese Sünde nicht an«? Es scheint doch wohl, als sei nichts zu verzeihen, wo keine Schuld vorausgegangen ist; und man sagt in der Regel nur dann, es werde Vergebung gewährt, wenn eine Strafe erlassen wird, obwohl die Schuld sie verdient. Gerade Stephanus nennt rundheraus Sünde, was aus Unkenntnis geschah.

PETRUS LOMBARDUS
SENTENZEN

2. Buch, 39. Unterscheidung

Kapitel 1
WENN DER WILLE ZU DEM GEHÖRT, WAS DER MENSCH VON NATUR AUS BESITZT, WESHALB BEHAUPTET MAN DANN, DASS DER WILLE ZU EINER SÜNDE WERDEN KANN, OBWOHL DOCH SONST NICHTS NATÜRLICHES SÜNDE IST?

Hier aber stellt sich mit einiger Notwendigkeit eine Frage, die sich aus dem oben Gesagten begründet. Dort wurde nämlich behauptet, daß dem Menschen der Wille ebenso von Natur innewohnt wie auch Vernunft und Gedächtnis. Da sie aber dem Menschen natürlich gegeben sind, hören sie, wie sehr auch immer sie sich versündigen würden, doch nicht auf, gut zu sein. Denn ein Fehler vermag die gute Anlage, in der Gott den Willen geschaffen hat, nicht völlig aufzuheben. So sind z.B. Vernunft oder Verstand, Begabung und Gedächtnis zwar durch Laster und Sünden umnebelt und verfälscht, aber dennoch gut. Sie werden auch nicht als Sünden bezeichnet. So legt es Augustinus im 15. Buch »Über die Trinität« zu dem Gedanken, was das Bild Gottes sei, zu dem wir geschaffen sind, einleuchtend dar.

Er schreibt: »Dies ist das Bild, zu dem die Menschen geschaffen sind: wodurch sie den anderen Lebewesen voranstehen. Dieses Geschöpf ist unter den Schöpfungstaten die herausragendste. Wenn es von Gott gerechtfertigt wird, vertauscht es seine mißgestaltete Form mit einer schönen. Seine Natur blieb nämlich auch inmitten von Lastern gut.« Dieses Bild ist aber der Verstand oder die Vernunft. Wenn also der Wille zu den natürlichen Gegebenheiten gehören würde, warum ist er nicht dauerhaft gut, auch wenn er mitunter Fehlern unterworfen ist?

Hierauf geben diejenigen leicht eine Antwort, die behaupten, daß alles, was ist, gut sei, weil es ist. Denn sie versichern, daß auch der Wille gut sei, insofern er ist und insofern er Wille ist, wie ich oben dargelegt habe. Er ist aber böse und eine Sünde, insofern er fehlgerichtet ist.

An dieser Stelle kann man sie mit Recht fragen: Wenn der Wille Sünde ist, insofern er fehlgerichtet ist, warum sind dann Vernunft, Verstand, Begabung und dergleichen keine Sünde, wenn sie fehlgerichtet sind? Fehlgerichtet sind sie aber, wenn sie, ebenso wie der Wille, nicht nach dem rechten Ziel streben und wenn ihre Handlungen Übertretungen [der göttlichen Gebote] darstellen.

Darauf sagen jene, daß mit dem Wort »Wille« manchmal die Willenskraft bezeichnet wird, nämlich das natürliche Vermögen zu wollen, manchmal das Wirken dieser Kraft. Die Kraft selbst aber, die der Seele von Natur aus eingepflanzt ist, sei niemals Sünde, ebensowenig wie die Kraft, sich zu erinnern oder die Kraft zu erkennen. Aber das Wirken dieser Kraft, das auch »Wille« genannt wird, wird dann Sünde, wenn es fehlgerichtet ist.

Kapitel 2

WARUM DER WILLENSAKT SÜNDE IST, WÄHREND DIE HANDLUNGEN DER ANDEREN SEELENVERMÖGEN KEINE SÜNDEN SIND.

Aber es fragt sich weiterhin, warum das Wirken dieses natürlichen Vermögens Sünde ist, wenn die Handlungen der anderen Vermögen keine Sünden sind: d.h. die des Erinnerungsvermögens, dessen Handeln im Erinnern besteht; und des Erkenntnisvermögens, dessen Handeln im Erkennen besteht.

Darauf erwidern dieselben Lehrer, jener Willensakt sei wesensverschieden vom Akt des Erinnerns und vom Akt des Erkennens. Der Willensakt richtet sich nämlich auf etwas, das erlangt oder zumindest nicht aufgegeben werden soll. Das kann er in Bezug auf das Böse nicht, ohne selbst böse zu sein. Das Böse zu wollen ist nämlich böse, aber es zu erkennen oder es zu erinnern ist nicht böse.

Allerdings halten einige von ihnen zu Recht daran fest, daß auch diese Akte mitunter böse sind. Denn manchmal erinnert sich jemand an etwas Böses, um es zu tun; und er sucht das Wahre zu erkennen, damit er es zu bekämpfen weiß.

Man sieht: Auf diese Weise wird die eben gestellte Frage von denen gelöst, die lehren, alles sei gut, insofern es ist.

Die aber sagen, daß die bösen Willensakte Sünden seien und keineswegs gut, antworten kurz und bündig, indem sie sagen: Der Willensakt gehöre nicht zur Natur des Menschen, sondern nur die Willenskraft selbst und das Vermögen zu wollen. Dieses sei immer gut und existiere in jedem, auch in kleinen Kindern, in denen es noch nicht handelt.

Kapitel 3

WIE DER FOLGENDE SATZ ZU VERSTEHEN IST: »DER MENSCH, AUCH WENN ER EIN KNECHT DER SÜNDE IST, WILL VON NATUR AUS DAS GUTE.«

Außerdem wird gewöhnlich gefragt, wie zu verstehen sei, was Ambrosius sagt, als er das Apostelwort erklärt: »Denn nicht, was ich will, tue ich; sondern was ich nicht will, das tue ich.« (Röm. 7, 19) Er sagt nämlich, daß »der Mensch, weil er der Sünde unterworfen ist, tut, was er nicht will, denn von Natur aus will er das Gute; aber dieser Wille bleibt immer wirkungslos; es sei denn, die Gnade Gottes« unterstützt und befreit ihn. Wenn der Mensch der Sünde unterworfen ist, will er freilich das Böse und tut es, denn er ist ein Knecht der Sünde. Und er tut ihren Willen gern, wie Augustinus oben sagte. Wie also will er von Natur aus das Gute?

Ist es denn derselbe Wille, d. h. derselbe Antrieb, aus dem heraus er bereitwillig der Sünde dient und aus dem heraus er von Natur aus das Gute will? Wenn es nicht derselbe Wille ist, welcher von den beiden ist es dann, der von der Knechtschaft der Sünde befreit wird, wenn der Mensch vor Gott gerechtfertigt ist? Wie ich nämlich oben festgestellt habe, befreit die Gnade Gottes den menschlichen Willen und hilft ihm. Sie bereitet den menschlichen Willen darauf vor, daß ihm geholfen werde, und hilft ihm, wenn er darauf vorbereitet ist. Welcher Wille aber ist das? Jener, der von Natur aus das Gute will, oder der, der gern der Sünde zu Diensten ist, wenn es doch zwei verschiedene Willen sind?

Die aufgeworfene Frage geht in die Tiefe. Sie wird von verschiedenen Seiten durch unterschiedliche Auslegung gelöst. Einige sagen nämlich, daß es zwei Antriebe gäbe und davon einen, der auf natürliche Weise das Gute will. Warum auf natürliche Weise? Und warum wird der Antrieb natürlich genannt? Weil der Antrieb der menschlichen Natur in ihrem ersten [paradiesischen] Zustand, in dem wir ohne Sünde geschaffen sind, so geartet war. Diese menschliche Natur nennt man im eigentlichen Sinne Natur. Denn der Mensch wurde so geschaffen, daß er mit seinem Willen recht tat.

Deshalb steht in den Dogmenbüchern der Kirche geschrieben: »Halte dies als gesicherte Wahrheit fest: Die ersten Menschen wurden gut und gerecht geschaffen. Mit ihrer freien Entscheidungsgewalt konnten sie – wenn sie es wollten – nach eigenem Willen sündigen. Sie sündigten nicht durch Zwang, sondern aus eigenem Willen.« Also ist es richtig zu sagen, daß der Mensch von Natur aus das Gute will, weil er mit gutem und gerechtem Willen geschaffen wurde. Denn der höhere Funke der Vernunft, der – wie Hieronymus sagt – auch in Kain nicht ausgelöscht werden konnte, will immer das Gute und haßt das Böse.

Der andere Antrieb gehört nach Auffassung derselben Lehrer zu unserem Geist. Durch diesen Antrieb unterwirft sich der Geist, nachdem er das Gesetz alles Höheren übergangen hat, den Sünden und ergötzt sich an ihnen. Wie sie behaupten, herrscht dieser Antrieb im Menschen und lenkt alles in ihm, noch ehe ihm Gnade widerfährt. Der böse Antrieb unterdrückt den anderen. Beide entstammen jedoch der freien Entscheidungsgewalt. Kommt aber die Gnade hinzu, so wird jener böse Antrieb gestürzt, und der andere, natürlich gute, wird befreit und darin unterstützt, wirksam das Gute zu wollen. Man darf aber nicht uneingeschränkt zugestehen, daß der Mensch, auch wenn er naturgegeben das Gute will, vor Erscheinen der göttlichen Gnade einen guten Willen besessen habe; sondern er besaß vielmehr einen bösen Willen.

Andere behaupten, es gäbe nur einen Willen, d.h. einen einzigen Antrieb, mit dem der Mensch einerseits auf natürliche Weise das Gute will, andererseits wegen seiner Schwäche das Böse will und sich daran ergötzt. Und insofern dieser Antrieb das Gute will, ist er von Natur aus gut; insofern er das Böse will, ist er böse.

BONAVENTURA
SENTENZENKOMMENTAR
Kommentar zur 39. Unterscheidung:
Warum der Wille in seinem Handeln stärker
zum Bösen abgelenkt wird als jede andere
Seelenpotenz

(zu Petrus Lombardus an der Stelle : Hier aber stellt
sich mit einiger Notwendigkeit eine Frage etc.)

DIE GLIEDERUNG DES [AUSGELEGTEN] TEXTES

Bisher legte der Meister [d.i. Petrus Lombardus]
dar, woher es kommt, daß der Wille auf das Gute
ausgerichtet bzw. daß er zum Bösen abgelenkt wird.
In diesem Abschnitt fragt er danach, warum der
Wille in seiner Tätigkeit eher zum Bösen abgelenkt
wird als eine der anderen Seelenpotenzen. Der Abschnitt gliedert sich in zwei Teile. Im ersten fragt
Petrus Lombardus nach der Ursache für die Ablen-
kung des freien Willens; im zweiten nach der sittlichen Ausrichtung des menschlichen Willens, insofern er auf natürliche Weise gelenkt wird; hier heißt
es: »Außerdem wird gewöhnlich gefragt, wie zu verstehen sei...«.

Der erste Abschnitt teilt sich in zwei Unterabschnitte, in deren erstem Petrus Lombardus die Frage
aufwirft und [vorläufig] löst; im zweiten aber wendet er sich zur noch besseren Erhellung der Wahrheit gegen die vorgebrachte Lösung; hier heißt es:
»Aber es fragt sich weiterhin, warum das Wirken
dieses natürlichen Vermögens...«.
In ähnlicher Weise teilt sich der zweite Hauptteil in
zwei Unterabschnitte; im ersten erwägt Petrus
Lombardus, welcher Zweifel sich ergibt, und stellt
ihn der vorläufigen Lösung entgegen; im zweiten
Teil beseitigt er den Zweifel gemäß den Lehrsätzen

verschiedener Autoritäten; hier heißt es: »Die aufgeworfene Frage geht in die Tiefe...«.

Und so bestimmt der Meister in diesem Textstück grundsätzlich zweierlei, nämlich wie der Wille verkehrt werden kann, obgleich er ein natürliches Vermögen der Seele ist, und wie der Mensch von Natur aus das Gute will und erstrebt. Er tut dies auf Grund einer natürlichen Urteilskraft, die nämlich das Gewissen (*conscientia*) ist, welches immer das Gute vorschreibt, und auf Grund eines Funkens des Verstandes oder des Gewissens, nämlich des Gewissensgrundes (*synderesis*), der sich immer zum Guten ausrichtet und der sich immer dem Bösen widersetzt.

DIE PROBLEMSTELLUNG

Zum Verständnis dieses Textstücks stellt sich hier also eine doppelte Frage. Erstens wird nach dem Gewissen selbst gefragt, das für den Willen richtungsweisendes Regulativ ist. Zweitens wird nach dem Gewissensgrund gefragt, der als der Funke eben dieses Gewissens bezeichnet wird.

Was nun das erste Problem anlangt, so beinhaltet es wiederum drei Fragen. Erstens wird nach dem Gewissen in bezug auf seinen Träger (*subiectum*) gefragt, ob es nämlich von Seiten der Vernunft oder von Seiten des Affekts her bestehe.

Zweitens fragt sich in Hinblick auf den Ursprung des Gewissens, ob es natürlich oder erworben sei.

Drittens stellt sich in bezug auf die Wirkung des Gewissens die Frage, ob es stets bindende Kraft habe.

Erster Artikel
ÜBER DAS GEWISSEN (*CONSCIENTIA*)

Erste Frage
OB DAS GEWISSEN
DEM INTELLEKTIVEN ODER DEM AFFEKTIVEN
SEELENTEIL ENTSPRINGT

In einem ersten Schritt wird so vorgegangen: Es wird gefragt, ob sich das Gewissen aus dem intellektiven oder dem affektiven Seelenteil herleite.

DASS ES VOM INTELLEKT HERKOMME, scheint sich aus folgendem zu ergeben:

1. Erstens aus dem Vers Pred. 7,22: »Denn dein Gewissen weiß, daß auch du andere oftmals geschmäht hast.« Nun ist aber das Wissen die spezifische Tätigkeit der erkennenden Seelenpotenz: Wenn es also für das Gewissen kennzeichnend ist zu wissen, leitet es sich aus dem vernünftigen Vermögen her.

2. Außerdem sagt der Damaszener [Johannes Damascenus, De fide orthod. IV,22], daß das Gewissen das Gesetz unserer Vernunft sei; aber als Gesetz der Vernunft wird nur die Heilige Schrift bezeichnet, die die Vernunft unmittelbar angeht: folglich leitet sich das Gewissen aus dem vernünftigen Seelenteil her.

3. Weiter kommt jedes Wissen aus der Vernunft, und jedes Ge-wissen (*con-scientia*) ist Wissen (*scientia*): folglich ist jedes Gewissen vernünftig. Der Obersatz dieses Schlusses ist durch sich selbst evident, der Untersatz wird dadurch bestätigt, daß jeder, dem sein Gewissen einen Sachverhalt anzeigt, sich dieses Sachverhalts bewußt ist; daraus folgt durch Verbindung beider Sätze, daß jedes Gewissen Wissen ist.

4. Zudem teilt man jedes Gewissen in rechtes und irrendes ein. Ein irrendes Gewissen kann aber den Habitus der Vernunft betreffen oder ihre Tä-

tigkeit. Wenn aber der Teil und das Teilende zu derselben Seelenpotenz gehören, scheint es, als leite sich das Gewissen von der erkennenden Seelenpotenz her.

Lesen, Beurteilen, Ausrichten, Bezeugen und An-klagen nämlich sind Handlungen, die zur Er-kenntnis gehören, aber alle diese Akte werden dem Gewissen zugeordnet. Denn das Gewissen ist ein Buch, in dem wir lesen; das Gewissen be-urteilt auch, es legt Zeugnis ab und klagt an, es lenkt und richtet aus. Also hängt das Gewissen offensichtlich ganz und gar vom erkennenden Seelenteil ab, weil Tätigkeit und Habitus zu dem-selben Seelenvermögen gehören.

ABER DAGEGEN SPRICHT:

1. Wenn sich das Gewissen vom erkennenden See-lenteil herleitet, dann entweder als Vermögen (*potentia*) oder als Erleiden (*passio*) oder als Ha-bitus. Als Erleiden aber nicht, weil die Leiden-schaften selbstverständlich den affektiven Seel-enteil betreffen. Als Habitus auch nicht, weil das Gewissen bald rein, bald unrein ist und kein Ha-bitus von der Unreinheit zur Reinheit wechselt und umgekehrt. Es bleibt also, wenn sich das Ge-wissen aus dem erkennenden Seelenteil herlei-tet, daß es nichts anderes als ein Erkenntnisver-mögen sei. Daraus ergibt sich folgendes: Wenn das Erkenntnisvermögen für alles zuständig ist, nicht nur für das, was zu tun sei, sondern auch für spekulative Gegenstände, ergibt sich daraus der Anschein, daß das Gewissen sich nicht nur des Sittlichen annehme, sondern auch der Gegen-stände von Einzelwissenschaften, und das ist of-fensichtlich falsch.

2. Gehen wir weiter. Wie die Vernunft sich zum Wahren verhält, so verhält sich der Affekt zum

Guten. Das heißt: Wenn es etwas gibt, dessen Vollkommenheit im Gutsein besteht, dann hat dies mehr Bezug zum guten Affekt als zur Vernunft. Und so ist das Gewissen geartet; es sagt nämlich der Apostel Paulus im ersten Brief an Timotheus 1,5: »Die Liebe kommt aus reinem Herzen und gutem Gewissen« und wiederum in demselben Brief: »Du sollst darin deinen Dienst gut tun und Glauben und ein gutes Gewissen haben«. Daraus folgt…

3. Ebenso »widersetzt sich das Gesetz des Fleisches dem Gesetz des Geistes«, wie Johannes Damascenus [De fide orthod. IV,22] sagt. Aber das Gesetz des Fleisches leitet sich aus dem bewegenden Seelenteil ab; also entspringt auch das Gesetz des Geistes demselben Seelenteil.[29] Aber »das Gewissen ist das Gesetz des Geistes«, wie der Damaszener oben gesagt hat: also gehört das Gewissen zum affektiven Seelenteil.

4. Weiter: Der Gewissensbiß ist eine Tätigkeit des affektiven Vermögens, denn wo ein Gewissensbiß ist, ist auch ein gewisser Schmerz und ein Leiden; aber Gewissensbisse sind die Wirkung des Gewissens, wie es in der Glosse zum ersten Brief des Paulus an die Korinther, 4 [4] heißt. Die Stelle »Ich bin mir nichts bewußt« wird dort kommentiert mit »Mein Gewissen plagt mich in nichts«: So scheint es also, daß das Gewissen sich aus dem affektiven Seelenvermögen herleitet.

5. Zudem gehört dasjenige, das erfreuen kann, und das, was peinigt, auf die Seite des affektiven Vermögens. Aber in uns gibt es eine Pein und eine

---

29 Bonaventura argumentiert hier mit der Gedankenfigur: Direkte Gegensätze fallen notwendig unter einen gemeinsamen Gattungsbegriff. Sie ist scholastisch sehr häufig, auch im vorliegenden Text wird sie noch mehrfach herangezogen, ohne explizit benannt zu werden.

Freude vom Gewissen her, weshalb der Wurm des Gewissens den Verdammten eine große Pein sein wird. Daraus scheint sich zu ergeben, daß das Gewissen zum affektiven, nicht zum erkennenden Seelenvermögen gehört.

Lösung

* Das Gewissen ist ein Habitus der erkennenden Seelenpotenz, insofern sie praktisch, nicht insofern sie spekulativ ist

ICH ANTWORTE: Zum Verständnis des oben Erörterten ist anzumerken, daß, wie das Wort *Vernunft* zuweilen für die Fähigkeit zu verstehen, zuweilen für den Habitus, zuweilen sogar für das vernünftige Prinzip verwendet wird, so auch das Wort *Gewissen* von den Lehrern der Heiligen Schrift üblicherweise in dreifachem Sinne gebraucht wird. Erstens nämlich wird *Gewissen* verwendet für das, was man immer mit-weiß (*pro ipso con-scito*). Und so sagt Johannes Damascenus, daß das Gewissen das Gesetz unserer Vernunft ist. Das Gesetz ist nämlich das, was wir durch das Gewissen kennen. Zweitens aber wird Gewissen dafür verwendet, wodurch wir uns begleitend einer Sache gewiß (*conscii*) sind, also für den Habitus – genauso, wie *Wissen* für den Habitus, nämlich den des Erkennenden, benutzt wird. Drittens aber wird das Gewissen als das Vermögen selbst aufgefaßt, das sich sozusagen in einer Sache Gewißheit schafft – wie geschrieben steht, daß das natürliche Gesetz in unsere Gewissen eingeschrieben ist [Röm. 2,15]. Aber auch wenn es üblich ist, die Bezeichnung *Gewissen* auf dreifache Weise zu gebrauchen, wird sie doch nach der gebräuchlicheren Art für den Habitus verwendet, wie auch das Wort *Wissen*, aus dem sie zusammengesetzt ist.

Wenn man aber gefragt würde, zu welchem Vermögen dieser Habitus gehöre, so müßte man sagen, daß er ein Habitus des erkennenden Vermögens ist, aber auf andere Weise, als wenn dieses ein spekulatives Wissen wäre. Denn das spekulative Wissen ist die Vervollkommnung unserer Vernunft, insofern sie spekulative Vernunft ist; das Gewissen aber ist ein Habitus, der unsere Vernunft vervollkommnet, insofern sie praktisch ist, das heißt insofern sie auf Tätigkeit zielt. Und so hat die Vernunft auf gewisse Weise die Bewandtnis des Bewegenden, nicht weil sie die Bewegung bewirkt, sondern weil sie die Bewegung anordnet und zu ihr hinneigt. – Und deshalb heißt ein solcher Habitus nicht einfach Wissen, sondern Gewissen, damit darin verdeutlicht wird: Jener Habitus vervollkommnet nicht etwa das spekulative Vermögen in sich, sondern ist auf gewisse Weise mit Erleben und Handeln verbunden. Deshalb behaupten wir nicht, daß es ein Diktat des Gewissens bei folgendem Grundsatz gäbe: Jedes Ganze ist größer als sein Teil; und ebensowenig nehmen wir es bei Ähnlichem an. Wir sagen aber wohl, daß das Gewissen vorschreibt, Gott zu ehren, und daß es andere Grundsätze enthält, die gleichsam Anweisungen zum Handeln darstellen.

Man muß allerdings zugestehen, wie die Argumente zeigen, daß sich das Gewissen dem erkennenden Vermögen verdankt, aber nicht insofern, als es ein spekulatives, sondern insofern, als es ein praktisches ist. Die spekulative und die praktische Vernunft werden als das nämliche, nur der Erstreckung nach unterschiedene Vermögen benannt, wie Aristoteles [vgl. De anima III,10] sagt; und das ist nicht etwa so zu verstehen, daß die praktische Vernunft ein Bestreben oder ein Wille sei; das nämlich lehnt Aristoteles ab.

1. Darauf aber, was sich dem entgegenstellt, daß nämlich das Gewissen weder Potenz noch Erleiden noch Habitus des erkennenden Seelenteils

sein könne, ist zu sagen, daß es sogar ein Vermögen und einen Habitus bezeichnen kann. Und
insofern es ein Vermögen bezeichnet, steht es
nicht für das Erkenntnisvermögen überhaupt,
sondern nur insoweit, wie es sich auf das Erkennen der Gegenstände erstreckt, die dem Sittlichen oder der Moral angehören. Wenn es aber
einen Habitus benennt, dann benennt es nicht allein einen natürlichen Habitus, sondern es kann
gerade auch einen erworbenen Habitus bezeichnen. Und weil der erworbene Habitus die Seele
reinigen und beflecken kann, wird deshalb das
Gewissen rein oder unrein, richtig oder nicht
richtig genannt. Allerdings betreffen diese Unter-
scheidungen das Gewissen mehr als Begriff des
Vermögens denn als Begriff des Habitus.

2. Zu dem Einwand, daß man vom Gewissen sagt, es
sei gut oder schlecht, ist zu sagen, daß Gut und
Böse nicht nur den Affekt betreffen, sondern auch
die praktische Vernunft und ihren Habitus; und
das aus dem Grund, weil die praktische Vernunft
nicht nur im Wahren besteht, sondern sich auch
auf das Gute ausdehnt. Und darum ist jene Urteilskraft, die ja das Gewissen darstellt, gut, wann
immer sie das Gute vorschreibt und zum Guten
geneigt macht, wann immer sie vom Bösen ab-
hält und es flieht. Daraus folgt nicht, daß das
Gewissen in einem affektiven Vermögen bestehe.
Dafür, daß es als gut bezeichnet werden kann,
muß es nämlich nicht notwendig seinem Wesen
nach eine Stimmungsbewegung sein. Es genügt
vielmehr, daß es vom Willen und von der Stimmungsbewegung begleitet wird.

3. Dazu, daß eingewandt wird, das Gesetz des
Fleisches widersetze sich dem Gesetz des Geistes, ist zu sagen: Wie Meister Hugo von St. Victor
meint, liegt in der Sinnlichkeit oder im äußeren
Menschen nicht nur eine Verderbnis in Hinsicht

auf das Vermögen, das bewegt und geneigt macht, sondern auch eine, die das sinnliche Vermögen selbst betrifft. So steht das Gesetz des Fleisches dadurch, obgleich es grundsätzlich in einer Begierde besteht, die zum Bösen neigt, dennoch nicht weniger für eines der Einbildungskraft und des Erkennens, in dem sich das Fleischliche auf unrechte Weise widerspiegelt. Für das Gesetz des Geistes sind diese zwei Dinge gleichermaßen zu bedenken. Im Gewissen, wie es aus sich selbst heraus ist, wird das Gesetz des Fleisches unmittelbarer auf der Ebene vorhergehender Erkenntnis bekämpft als auf der Ebene der Begierde.

4. Zu dem, was über den Gewissensbiß eingewendet wird, ist zu bemerken, daß man vom Gewissen sagt, es »beiße«, und zwar aus folgendem Grund: Wann immer das Gewissen dem sittlich guten Affekt etwas Böses vorstellt, erregt es ihm dabei gleichzeitig einen Schmerz, damit jener Affekt sich dem Bösen widersetze. Dieser Schmerz, der Gewissensbiß, kommt darum nicht vom grundsätzlich treibenden Gewissen, sondern gleichsam vom befehlenden. Vom Funken des Gewissens, dem Gewissensgrund, stammt der Gewissensbiß aber insofern, als dieser als Anstoß wirkt, wie noch ausführlicher erläutert werden wird.

5. In bezug auf den Einwand, daß das Peinigende und Erfreuliche aus dem Gewissen hervorgehen, ist zu sagen, daß sie nicht aus dem Gewissen kommen. Sie sind auch nicht in dem Gewissen, sondern nur im ordnenden und befehlenden. Sich freuen und Schmerz empfinden gehören nämlich unmittelbar zum Affekt. Aber wenn das Gewissen, das ein gerechter Zeuge ist, von der guten Handlung das Zeugnis ablegt, daß sie gut sei, und von der bösen, daß sie böse sei, erzeugt es

daraus im Affekt entweder Schmerz oder Freude. Deshalb sagt auch der Apostel Paulus: »Dies ist unser Ruhm: das Zeugnis unseres Gewissens« [2. Kor. 1,12]; und dabei spricht er dem Gewissen nicht grundsätzlich das Erleiden der Freude zu, sondern den Akt des Bezeugens.

Zweite Frage
OB DAS GEWISSEN EIN ANGEBORENER ODER ERWORBENER HABITUS SEI

Zweitens fragt sich, ob das Gewissen ein angeborener oder erworbener Habitus ist.

UND ES SCHEINT, DASS ER ANGEBOREN SEI.

1. Im Römerbrief 2,14f. heißt es: »Wenn aber die Heiden, die das Gesetz nicht haben, von Natur aus tun, was des Gesetzes ist, sind sie sich selbst ein Gesetz, denn sie zeigen, daß das Werk des Gesetzes in ihre Herzen geschrieben ist, und ihr Gewissen legt ihnen davon Zeugnis ab.« Und die Glosse sagt zu dieser Stelle: »Wenn auch die Heiden kein geschriebenes Gesetz haben, so haben sie doch ein natürliches Gesetz. Dadurch haben sie Bewußtsein von ihrem Tun«. So folgt aus Text und Glosse, daß das Gewissen einen Habitus bezeichnet, der dem menschlichen Herzen auf natürliche Weise eingeschrieben ist.

2. So schreibt auch Augustinus im dritten Buch seiner Schrift »Über den freien Willen« [II,56]: »Es wiegt schwer, noch vor jedem Verdienst durch ein gutes Werk ein natürliches Urteilsvermögen zu besitzen, nach dem jeder die Weisheit dem Irrtum vorzieht und die ruhige Gewißheit der Verwicklung.« Wenn also das Gewissen ein so geartetes Urteilsvermögen ist, dann ist es allerdings ein dem Menschen eingeborener Habitus.

3. Weiter sagt Isidor [Etymol. V,4,1]: »Das Naturrecht ist das, was die Natur die Lebewesen lehrt«.

Wenn also die Natur die Lebewesen das lehrt, was zum Naturrecht gehört, so lehrt sie es um so mehr den Menschen, der alle Lebewesen übertrifft; aber die Kenntnis des Naturrechts ist nichts anderes als das Gewissen, und daraus folgt...

4. Zudem haben wir einen natürlichen Instinkt dafür, die Seligkeit zu erstreben und die Eltern zu ehren; aber das kann ohne irgendein Vorwissen nicht geschehen. So scheint es, als hätten wir, um dergleichen zu tun, eine irgendwie geartete Kenntnis in uns eingeprägt. Aber eine Kenntnis, die sich dieser Dinge annimmt, ist das Gewissen, folglich...

5. Ebenso wird das natürliche Gesetz vom Menschen auf bestimmte Weise erkannt, nämlich entweder durch Aneignung oder durch seine Natur. Wenn es durch Aneignung geschieht, so darf es nicht als natürlich, sondern muß als erworben bezeichnet werden, genauso wie die politischen Tugenden. Wenn es jedoch durch die Natur geschieht, ist auch das Wissen um das natürliche Gesetz nichts anderes als das Gewissen; demnach...

6. Ebenso bindet das Naturrecht den Willen; doch der Bindung des Willens geht notwendig der Erkenntnisakt voraus – dem Affekt geht ja auch die Einsicht voraus. Das heißt: Wenn der Wille naturgegeben an dieses [natürliche] Recht gebunden ist, scheint dieses offenbar auch auf natürliche Weise von der Seele erkannt zu werden. Wenn demnach die Kenntnis dieses Rechts das Gewissen ist, ergibt sich...

ABER DAGEGEN SPRICHT:

1. Aristoteles sagt im dritten Buch seiner Schrift »Über die Seele«, daß die Seele wie eine leere Tafel geschaffen sei, auf der nichts geschrieben steht: Deshalb scheint es, als ob die Seele von

ihrem Urzustand her keine eingeborene Erkenntnis besitze. Wenn aber der Habitus des Gewissens irgendeine Erkenntnis bezeichnet, so scheint es, daß er nicht angeboren, sondern erworben sei.

2. Außerdem widerruft Augustinus im ersten Buch seiner »Widerrufe« (*Retractationes*), was er früher gesagt hatte, nämlich daß »die Seele wissend geschaffen ist, aber bedrückt von der Last des Körpers vergißt, was sie wußte«; und das hätte er nicht widerrufen, wenn er es nicht für falsch gehalten hätte. Also ist es nach Augustinus falsch, daß die Seele auf natürliche Weise Kenntnis darüber besitze, was zu tun sei. Wenn folglich das Gewissen ein solcher Habitus des Erkennens ist, scheint es, daß es nicht angeboren, sondern erworben sei.

3. Zudem gibt es keine Erkenntnis des Komplexen, man habe denn zuvor eine des Nichtkomplexen. Von daher erkennt derjenige den Grund (*principium*) nicht, der nicht die Begriffswörter (*termini*) erkennt, weshalb Aristoteles [Anal. Post. I,3] sagt, daß wir »die Gründe erkennen, insoweit wir die Begriffswörter erkennen«[30] – aber eine Er

---

30 Die Abweichung gegenüber dem heute üblichen Verständnis dieser Aristotelesstelle ist deutlich. Die lateinische Übersetzung des Gerhard von Cremona hat hier anderen Wortlaut und benutzt das Wort *termini* nicht; Bonaventura geht wohl von der anonymen Übersetzung aus, die Aristoteles Latinus Bd. IV,2 ediert ist (hg. v. Laurentius Minio-Paluello 1953). Hier heißt es aber S. 11: *Et hec igitur ita dicimus, et non solum scientiam, sed et principium scientiae esse aliquod dicimus, quo* (Lesart: *eo quod*) *terminos cognoscimus.* Nach dem Grundtext würde – wie im Aristoteles graecus – nicht der Grund durch die Begriffswörter erkannt, sondern umgekehrt die Begriffe durch den Grund. Das wäre eigentlich auch dem Beweisgang des Bonaventura angemessen. Seine Aristotelesversion mit *in quantum* ist wohl der mit *eo quod* verwandt. Die Werkausgabe Quaracchi hat Bd. 2 (1885) S. 902 tatsäch

kenntnis des Nichtkomplexen haben wir nur durch Vermittlung der Sinne; niemand nämlich erkennt eine Farbe anders als durch den Gesichtssinn, und deshalb »ist der Verlust eines Sinnes notwendig auch der Verlust eines Wissens« [Arist. Anal. Post. I,18]. Wenn aber jedes Wissen des Nichtkomplexen sich über die Sinne vermittelt, folgt notwendig, daß jede Erkenntnis des Komplexen erworben und aus den Sinnen empfangen ist; das Gewissen bezeichnet aber die Erkenntnis eines Komplexen, nämlich die Regeln eines natürlichen Rechts. Folglich scheint es, als bezeichne *Gewissen* keinen angeborenen Habitus, sondern einen erworbenen.

4. Weiterhin ist sich im Sittlichen auszukennen gleich schwierig, wie sich im einfachen spekulativen Denken auszukennen – oder sogar noch schwieriger. Wissen, welches eine Erkenntnishaltung zum Spekulativen darstellt, ist uns nicht eingeboren, sondern erworben. Dann ist mit gleichem Recht auch das Gewissen, das ein Habitus ist, der zum Handeln anleitet, nicht angeboren, sondern erworben.

5. Zudem ist jeder natürliche Habitus immer richtig; das Gewissen ist aber manchmal richtig, manchmal irrig: Folglich ist das Gewissen kein natürlicher, sondern ein erworbener Habitus.

6. Weiter wohnen natürliche Habitus einem jeden und zu jeder Zeit inne, denn natürlich ist, was bei

---

lich den hier übersetzten Text: *Item, non habetur cognitio de complexo, nisi habeatur de incomplexo – unde non cognoscit principium qui non cognoscit terminos, propter quod dicit Philosophus, quod »principia cognoscimus, in quantum terminos«*. Übrigens kennt auch Thomas dieses Verständnis der Stelle. Es heißt in »De veritate« qu. 1 art. 12 in der Antwort: *sicut sunt prima principia, quae cognoscimus dum terminos cognoscimus* (De veritate qu. 1, hg. v. A. Zimmermann, Hamburg 1986, S. 80).

allen dasselbe bleibt, und das Natürliche begleitet die Natur, ohne daß es von ihr abgetrennt
werden könnte. Aber das Gewissen ist nicht bei
allen Menschen dasselbe, sondern sogar oft gegensätzlich. Auch wohnt das Gewissen dem Menschen nicht immer inne, weil er häufig beginnt,
ein Gewissen zu haben, das er früher nicht hatte,
wie etwa ein Mönch, seit er einem Orden beige-
treten ist, ein Gewissen hat, das ihm nicht mehr
gestattet, gegen die Empfehlungen aus den Evangelien zu handeln, und das hatte er früher nicht,
folglich…

Schluß:
* Das Gewissen bezeichnet einen angeborenen
Habitus in Hinsicht auf das eingeborene Licht der
Seele und in Hinsicht auf die ersten moralischen
Grundsätze; es bezeichnet aber einen
erworbenen Habitus nach der Art der
Erkennbarkeit seiner Gegenstände und
angesichts seiner besonderen Handlungen.
ICH ANTWORTE: Zum Verständnis des Gesagten ist
zu bemerken, daß es über den Ursprung der Erkenntnishabitus neben jener platonischen Position,
die behauptete, alle Erkenntnishabitus seien der
Seele einfach eingeboren, aber für die irdische Zeit
wegen der Last des Körpers dem Vergessen an-
heimgegeben, und die Aristoteles wie auch Augustinus zurückweist und verwirft, drei Auffassungen
der Gelehrten über den Ursprung der Erkenntnishabitus gibt. Und alle drei Positionen stimmen in
folgendem überein: Wie die Tugenden, die man
sich durch Gewohnheit aneignen kann, weder ganz
naturgegeben noch ganz erworben sind, sondern
einerseits angeboren, andererseits erworben, so
sind auch die Erkenntnishabitus weder ganz angeboren noch ganz erworben, sondern in gewisser
Hinsicht angeboren, in anderer erworben. In der

Beschreibung der Weise, nach der diese Habitus angeboren oder nach der sie erworben sind, unterscheiden sich aber die Meinungen. Einige wollten nämlich annehmen, daß sie der tätigen Vernunft (*intellectus agens*) eingeboren sind, aber erworben in bezug auf die empfangende Vernunft (*intellectus possibilis*); und was die tätige Vernunft angeht, sagt Aristoteles, die Seele sei wie eine nackte Tafel geschaffen, und die empfangende Vernunft sei es, der es zukomme, durch die Vermittlung der sinnlichen Vermögen vervollkommnet zu werden.

Aber das scheint weder mit den Worten des Aristoteles noch mit der Wahrheit übereinzustimmen. Wenn die tätige Vernunft die Erkenntnishabitus beinhalten würde – warum kann sie diese der empfangenden Vernunft nicht ohne Hilfe der niederrangigen Sinne mitteilen? Andererseits, wenn die tätige Vernunft die Erkenntnishabitus hätte, wäre die Seele von ihrer Voraussetzung aus nicht unwissend, sie wäre vielmehr eher wissend. Es ist zugleich auch schwer zu verstehen, auf welche Weise die Verstandesbilder (*species*) in der tätigen Vernunft sein sollen, wenn doch die empfangende Vernunft dasjenige genannt wird, »durch das das Werden von allem ist« und die tätige Vernunft das, »was das Bewirken von allem ist« [vgl. Arist. De anima III,5]. Und so gibt es die zweite Auffassung, daß die Erkenntnishabitus einerseits angeboren, andererseits erworben sind. Angeboren nämlich sind sie hinsichtlich der Erkenntnis im allgemeinen, erworben hinsichtlich der Erkenntnis im besonderen; oder angeboren in bezug auf die ersten Gründe (*principia*), erworben in bezug auf die Erkenntnis der Folgerungen; und den Wert dieser Erklärung bestätigt jeder, der sie gehört hat.

Aber auch diese Lehrmeinung stimmt nicht mit den Worten des Aristoteles und des Augustinus überein. Denn Aristoteles zeigt in den »Analytica Posteriora«, daß uns die Erkenntnis der Prinzipien nicht angeboren ist, indem er zu vielem hinführt, was mit der positiven Annahme nicht übereinstimmt. Er beweist dort, daß »die Erkenntnis der Prinzipien über Sinne, Gedächtnis und Erfahrung erworben wird« [Anal. Post. II,19]. Auch Augustinus sagt im 12. Buch [15] »Über die Trinität« – indem er von einem Jungen spricht, der über alle Grundsätze der Geometrie Antwort gab –, daß das nicht so geschehen sei, weil die Seele jenes Kindes zuvor alles gewußt habe, sondern daß sie eher »diese Grundsätze in einem eigentümlichen unkörperlichen Licht gesehen habe. So sieht das Auge des Fleisches, was ihm in diesem körperlichen Licht entgegentritt: fähig, es aufzunehmen und ihm entsprechend geschaffen.«

Und aus diesem Grunde gibt es eine dritte Lehrmeinung, daß die Habitus des Erkennens einerseits angeboren, andererseits erworben seien; nicht nur, wenn man die Erkenntnis im besonderen und die der Folgerungen betrachtet, sondern auch, wenn man die Erkenntnis der Prinzipien bedenkt. Weil nämlich zur Erkenntnis zwei Dinge notwendig zusammenkommen, nämlich das Vorhandensein eines Erkennbaren und ein Licht, mit Hilfe dessen wir dieses beurteilen, wie wir am Gesichtssinn sehen und wie Augustinus im Zitat oben anerkennt; deshalb sind die Erkenntnishabitus uns einerseits eingeboren wegen des Lichts, das in die Seele hineingelegt ist, sie sind aber andererseits auch erworben wegen der Verstandesbilder (*species*) von den Dingen; und das stimmt nämlich mit den Worten des Aristoteles und des Augustinus überein.

Alle sind sich nämlich darin einig, daß dem Erkenntnisvermögen ein Licht eingepflanzt sei, das »natürliche Urteilskraft« genannt wird. Die Verstandesbilder aber und die Abbilder (*similitudines*) der Dinge bilden sich in uns durch Vermittlung der Sinne, wie Aristoteles an vielen Stellen ausdrücklich sagt; und dies lehrt auch die Erfahrung. Keiner von uns könnte nämlich jemals ein Ganzes oder einen Teil oder Vater oder Mutter erkennen, wenn er nicht durch irgendeinen äußeren Sinn eine Idee (*species*) davon erworben hätte; und so kommt es, daß wir, »wenn wir einen Sinn einbüßen, notwendig einen Kenntnisbereich verlieren« [Arist. Anal. Post. I,18]. Dieses Licht nämlich, die natürliche Urteilskraft, leitet die Seele im Urteil über das Denkbare ebenso wie in dem über mögliches Handeln.

Aber das Folgende ist besonders zu beachten: Wie im Bereich des Erkennbaren manches völlig evident ist, wie die Axiome (*dignitates*) und die ersten Prinzipien, und manches weniger einsichtig, wie spezielle Schlüsse, so gibt es auch im Bereich der Handlungssteuerung manches, das völlig selbstverständlich ist, wie etwa: »Was du nicht willst, daß man dir's tu, das füg auch keinem andern zu«, und daß man Gott gehorchen solle oder Ähnliches. So nämlich, wie die Erkenntnis der ersten Prinzipien dank jenes Lichtes uns angeboren genannt wird, weil jenes Licht dazu ausreicht, sie zu erkennen, sobald der Mensch die Verstandesbilder dazu aufgenommen hat, und zwar ohne jede zusätzliche Überredung, allein auf Grund ihrer Evidenz, ebenso auch ist uns die Erkenntnis der ersten moralischen Grundsätze angeboren, weil jene Urteilskraft dazu ausreicht, sie zu erfassen. Umgekehrt: So wie die Erkenntnis der speziellen Schlußfolgerungen in den Wissenschaften erworben ist, weil das Licht, das uns angeboren ist, nicht völlig ausreicht, um sie zu erkennen, sondern dazu der Überzeugung und einer zusätzlichen Befähigung bedarf, so ist auch für den Bereich unseres Handelns einzusehen, daß es bestimmte Vorgaben gibt, an die wir gebunden sind, die wir aber erst durch zusätzliche Unterweisung verstehen.

Da nun *Gewissen* den leitenden Habitus unseres Urteils in bezug auf die Handlungen benennt, bezeichnet *Gewissen* bisweilen einen angeborenen Habitus, bisweilen einen erworbenen. Den angeborenen Habitus bezeichnet, behaupte ich, *Gewissen* in
Hinsicht auf die Verhaltensweisen, die dem ersten
Diktat der Natur entspringen, den erworbenen aber
bezeichnet es in Hinsicht auf solche, die durch Be-
lehrung dazugekommen sind. Den angeborenen
Habitus benennt *Gewissen* auch bezogen auf das
richtungsweisende Licht; den erworbenen Habitus
dagegen hinsichtlich seiner Verstandesbilder. Ich
besitze nämlich ein natürliches Licht, das ausreicht, zu erkennen, daß man die Eltern ehren muß
und daß man die Nächsten nicht schädigen soll;
trotzdem habe ich keinen Begriff von »Vater« und
keinen Begriff vom Nächsten, die mir natürlich eingeprägt wären.

Überblickt man diese Erörterungen, so ist die Antwort auf die Frage und auch auf die Einwände klar.
Ich gestehe nämlich zu, daß *Gewissen* einen in ge-
wissem Maße angeborenen Habitus benennt, nämlich durch jenes Licht, mit dem wir bezeichnet sind,
das uns das Gute aufzeigt und das die Saat für die
anderen Habitus ist, die erworben werden müssen;
und so verlaufen die Denklinien, die zum ersten
Teil aufgeführt wurden. Ich gestehe um nichts weniger zu, daß *Gewissen* in bestimmtem Maße einen
erworbenen Habitus bezeichnet, und zwar hinsichtlich seiner Verstandesbilder, wie die ersten
drei Argumente zum zweiten Teil zeigen. Ich räume
auch ein, daß das Gewissen einen auf bestimmte
Weise erworbenen Habitus bezeichnet, was die speziellen Handlungsvorschriften betrifft, wie die drei
anderen Argumente zeigen.

Wenn es aber Erkenntnisgegenstände gibt, die
durch ihr Wesen erkannt werden, nicht durch ein
begriffliches Gedankenbild, kann das Gewissen in

Hinsicht auf diese ein einfach angeborener Habitus genannt werden, wie zum Beispiel im Hinblick darauf, Gott zu lieben und zu fürchten. Gott wird nämlich nicht durch ein Abbild erkannt, das aus den Sinnen empfangen wäre, sondern »das Wissen von Gott ist uns von Natur aus eingegeben«, wie Augustinus sagt [In Ioan. Evang. 106,4]. Was aber das sei, die Liebe und die Furcht, lernt der Mensch nicht durch ein äußerlich empfangenes Abbild, sondern aus ihrem Wesen; Affekte dieser Art sind nämlich ihrem Wesen nach in der Seele vorhanden.

Daraus folgt die Antwort auf jene Frage, die darauf ausgeht, ob jede Erkenntnis aus den Sinnen herkommt. Man muß dazu nein sagen. Notwendig muß man nämlich feststellen, daß die Seele Gott, sich selbst und was in ihr ist ohne die Unterstützung der äußeren Sinne kennt. Wenn Aristoteles einmal gesagt hat, daß »nichts im Intellekt ist, was nicht zuvor in den Sinnen war« und daß »jede Erkenntnis ihren Ursprung in den Sinnen hat«, muß man das deshalb auf diejenigen Erkenntnisse beziehen, die ihr Sein in der Seele durch ein verallgemeinertes Abbild haben, und diese sind nach allgemeiner Auffassung wie eine Schrift in der Seele. Und deshalb sagt Aristoteles [De anima III,4] bemerkenswerterweise, daß in der Seele nichts geschrieben steht, nicht weil in ihr keine Kenntnis sei, sondern weil sie keine Bilder oder verallgemeinerten Abbilder enthält. Und das ist es, was Augustinus im Buch über den Gottesstaat [XI,27] schreibt: »Gott gab uns eine natürliche Richterinstanz ein, wodurch im Buch des Lichts, das die Wahrheit ist, erkannt wird, was zum Licht und was zur Finsternis gehört, denn die Wahrheit ist von Natur aus ins Menschenherz eingeprägt.«

Dritte Frage
OB WIR AN ALLES DAS GEBUNDEN SIND, WAS DAS GEWISSEN ALS HEILSNOTWENDIG VORSCHREIBT

Drittens wird das Gewissen im Hinblick darauf untersucht, inwieweit es bindende Wirkung habe. Und es ist die Frage, ob wir an alles das gebunden sind, was das Gewissen als heilsnotwendig vorschreibt.

ES SCHEINT, DASS DAS SO IST.

1. Im Römerbrief 14 [V. 23] heißt es : »Alles, was nicht aus dem Glauben geschieht, ist Sünde«; und die Glosse dazu: »Was nicht aus dem Glauben geschieht, das heißt gegen das Gewissen gerichtet ist, so daß wir es für schlecht halten, ist Sünde«. Das wäre nicht so, wenn das Gewissen nicht zu alledem verpflichten würde, was es selbst vorschreibt. Also sind wir gehalten, alles zu tun, was aus dem Diktat des Gewissens stammt.

2. Außerdem verpflichtet ein Gesetz dazu, zu tun, was es selbst befiehlt – das Wort für Gesetz, *lex*, leitet sich aber vom Wort für binden, *ligare*, her. Aber »das Gewissen ist das Gesetz unserer Vernunft«. Also sind wir zu alledem gehalten, was das Gewissen als heilsnotwendig vorschreibt.

3. Weiterhin sind wir verpflichtet zu tun, was uns ein Richter befiehlt; das Gewissen aber ist unser Richter, wie Pred. 7 und die Glosse dazu besagen: Also sind wir zu allem verpflichtet, was das Gewissen befiehlt.

4. Zudem gibt es eine Regel, nach der ein Mensch immer dann, wenn er etwas tut, was er für eine Todsünde hält, eine Todsünde begeht, weil er Gott mißachtet. Daraus ergibt sich: Wenn es uns unmöglich ist, nicht zu glauben, was das Gewissen vorschreibt, begehen wir offensichtlich eine Todsünde, wenn wir dagegen handeln, was wir

auch tun. Folglich scheint es, als seien wir verpflichtet, alles zu tun, was das Gewissen als heilsnotwendig befiehlt.

DAGEGEN SPRICHT:

1. Wenn wir an all das gebunden sind, was das Gewissen vorschreibt, das Gewissen aber manchmal vorschreibt, etwas gegen Gott zu tun, sind wir folglich verpflichtet, gegen Gott zu handeln. Aber niemand sündigt dadurch, daß er tut, wozu er verpflichtet ist. Folglich sündigen wir nicht, wenn wir gegen Gott handeln.

2. Zudem ist manches durch sich selbst so schlecht, daß Gott es weder tun noch befehlen kann, weil es zu keinem guten Zweck geschehen kann; aber das Gewissen kann zu nichts verpflichten, wozu Gott nicht verpflichten kann, weil das Gewissen Gott untersteht. Wenn folglich das Gewissen solches vorschreibt, scheint es, daß es dazu nicht verpflichten kann: Folglich sind wir nicht verpflichtet, dies zu tun.

3. Ebenso kann das Gewissen offensichtlich an nichts durch sich selbst binden. Denn »Sünde ist jedes Wort oder jede Tat oder jedes Begehren gegen Gottes Gesetz«, wie Augustinus [Contra Faustum XXII, 27] sagt. Wenn das Gewissen etwas vorschreibt, das nicht den Geboten des göttlichen Gesetzes entspringt, ist es demnach keine Sünde, dagegen zu handeln, weil es kein Handeln gegen das Gesetz Gottes wäre. Demnach ist niemand gebunden, das zu tun: Also verpflichtet das Gewissen aus eigener Kraft zu nichts.

4. Außerdem kann niemand durch das Diktat des Gewissens aus einer Verpflichtung befreit werden, also kann auch niemand durch dieses Diktat irgendeine Verpflichtung eingehen. Demnach kann das Gewissen offensichtlich von sich aus und durch sich selbst zu nichts verpflichten.

Nun stellt sich die Frage, wozu das Gewissen verpflichtet: ob es zu allem verpflichtet, was es diktiert;
ob jedes Gewissen bindet; ob der Mensch ausweglos verstrickt (*perplexus*) ist, wenn sein Gewissen
das eine vorschreibt und das göttliche Gesetz das
Gegenteil; und welcher Instanz eher zu folgen sei,
dem Spruch des Gewissens oder der Vorschrift eines geistlichen Oberen, wenn beide einander widersprechen.

Lösung

* Jedes Gewissen verpflichtet entweder, zu tun,
was es vorschreibt, oder es abzulegen,
wenn es irrig ist

ICH ANTWORTE: Man muß davon ausgehen, daß
das Gewissen erstens etwas diktiert, was dem Gesetz Gottes entspricht; zweitens etwas, was außerhalb des Gesetzes Gottes liegt; drittens etwas, das
sich gegen das Gesetz Gottes richtet. Hier rede ich
vom Gewissensspruch im Sinne von Vorschrift oder
Verbot, nicht in dem von Rat oder Überzeugung. Bei
der ersten Gruppe bindet das Gewissen schlechthin
und allgemeingültig, weil der Mensch dazu durch
das göttliche Gesetz verpflichtet ist und das Gewissen, das mit ihm übereinstimmt, die Verpflichtung
vor Augen führt. In der zweiten Gruppe bindet das
Gewissen, solange es unverändert andauert; von
daher ist der Mensch entweder gehalten, das betreffende Gewissen aufzugeben, oder gebunden, das zu
erfüllen, was es befiehlt, etwa wenn es fordert, daß
es heilsnotwendig wäre, einen Halm von der Erde
aufzuheben. In der dritten Gruppe aber bindet das
Gewissen nicht an das Tun oder Nichttun, sondern
es bindet daran, es abzulegen, und zwar aus folgendem Grund: Wenn ein solches Gewissen durch einen Irrtum, der dem göttlichen Gesetz widerstrei-
tet, falsch ist, bringt das Gewissen den Menschen
mit Notwendigkeit aus dem Stande des Heils, so-

lange es andauert. Und deshalb ist es nötig, es aufzugeben, weil der Mensch, ob er nun tut, was es anordnet, oder ob er das Gegenteil tut, eine Todsünde begeht.

Wenn er nämlich tun würde, was das Gewissen befiehlt, und das ist gegen das Gesetz Gottes, und wenn es Todsünde ist, gegen das göttliche Gesetz zu handeln, dann begeht er ohne Zweifel eine Todsünde. Wenn er aber das Gegenteil dessen tut, was das Gewissen vorschreibt, obwohl es unverändert bleibt, begeht er dadurch nochmals eine Todsünde; nicht wegen der Tat, die er begeht, sondern weil er sie auf verwerfliche Weise begeht. Er handelt nämlich in Mißachtung Gottes, solange er, weil das Gewissen es ihm sagt, glaubt, daß dies Gott mißfallen werde, auch wenn es Gott eigentlich gefallen müßte. Das ist es, was die Glosse [des Petrus Lombardus] zu dem Vers Röm. 14 [23] »Alles, was nicht aus dem Glauben geschieht, ist Sünde« aussagt. Sie sagt dort: »Alles, was dem Gewissen zugehört, nennt der Apostel Sünde, wenn es abweichend vom Spruch des Gewissens geschieht. Auch wenn etwas geschehe, das gut ist, sei es Sünde, wenn man meint, daß es nicht getan werden darf.« Und das liegt daran, daß Gott nicht nur darauf sieht, was ein Mensch tut, sondern auch darauf, mit welcher Einstellung er es tut. Auch der, der tut, was Gott befiehlt, dabei aber glaubt, gegen den Willen Gottes zu handeln, handelt nicht in guter Absicht, sondern in böser; und darum begeht er eine Todsünde.

So ergibt sich also, daß jedes Gewissen entweder bindet, zu tun, was es vorschreibt, oder dazu verpflichtet, es aufzugeben. Doch bindet nicht jedes Gewissen daran, zu tun, was es vorschreibt. Zum Beispiel bindet ein Gewissen nicht, das etwas zu tun verbietet, wozu der Mensch von anderer Seite gehalten ist. Ein solches Gewissen aber heißt irrig.

Nach Betrachtung dieser Dinge ergibt sich die Antwort auf die vorgelegte Frage und auch auf die Argumente für eine bejahende Antwort.

1. Zu dem zuerst vorgebrachten Argument, daß nämlich alles, was nicht aus dem Glauben geschieht, gegen das Gewissen verstößt, ist jetzt die Antwort klar. Ich sage nämlich, daß gegen das Gewissen zu handeln immer Sünde ist, weil es immer in Mißachtung Gottes geschieht, aber trotzdem ist es nicht immer gut, nach dem Gewissen zu handeln, etwa wenn das Gewissen etwas vorschreibt, das Gott zuwider ist. Von daher gibt es nämlich zu dem Satz »Gegen das Gewissen tun ist Sünde« zwei verschiedene Umstände, die ihn zu einer wahren Aussage machen: Es ist entweder so, weil das Gewissen zu diesem Tun verpflichtet; oder, weil es unmöglich ist, daß sein Spruch als eine gute Handlung ausgeführt werden und gleichzeitig das Gewissen dabei unverändert fortbestehen kann.Dadurch entsteht dort ein logischer Schlußfehler bezüglich der Folgerelation, weil in jenem Argument unter mehreren Gründen für die Wahrheit nur auf einen einzigen geschlossen wird.[31]

2. UND 3. Zu dem Argument, das Gewissen sei das Gesetz unserer Vernunft, ist zu sagen, daß es wahrhaftig ein Gesetz ist, aber nicht das höchste Gesetz; über ihm ist nämlich ein anderes, und das ist das göttliche Gesetz. Wenn man aber behauptet, daß ein Gesetz dazu verpflichtet, alles das zu

---

31 Bonaventura schreibt *sophisma secundum consequens* und meint damit, wie er im nächsten Halbsatz erklärt, die *fallacia consequentis* (den Fehler der Folge). Das ist ein logischer Fehlschluß, der die Möglichkeit mehrerer Gründe vernachlässigt. Die fälschlich monokausal angesetzte Relation scheint dann den Schluß von der Folge auf die vermeintlich notwendige Ursache zu ermöglichen.

tun, was es vorschreibt, muß man ergänzen, daß das solange wahr ist, wie ein untergeordnetes Gesetz nicht das Gegenteil dessen vorschreibt, was ein höheres Gesetz verlangt; das tut aber das Gewissen oft.

Und ebenso ist auf das folgende Argument vom Richter zu antworten.

4. Zu dem Argument aber, das als letztes vorgebracht wurde, daß jeder eine Todsünde begeht, der glaubt, eine Todsünde zu begehen, muß man sagen, daß das richtig ist. Es ist nämlich grundsätzlich wahr, was [bei Innocenz, Litteras tuas, 13 De rest. spoliat. tit. 13 l. 2] steht:»Wer gegen das Gewissen handelt, baut an seiner Hölle«. Aber dennoch folgt daraus nicht, daß wir gehalten sind, alles zu tun, was das Gewissen zu tun vorschreibt, weil dieses »Gegen das Gewissen tun ist Sünde«, wie gesagt, zwei Ursachen hat, die zur Wahrheit der Aussage führen.

1. UND 2. Auf jene zwei ersten Argumente, die die Gegenthese verfechten, ist es nicht angezeigt zu antworten, weil sie das Richtige enthalten; sie zeigen ja, daß das Gewissen nicht in allem verpflichtet.

3. Zu dem Argument, daß das Gewissen durch sich selbst zu nichts verpflichte, weil nicht Sünde genannt werde, was gegen das Gewissen ist, sondern was gegen das Gesetz Gottes ist, muß man anmerken, daß dabei das Handeln gegen das Gesetz Gottes zweierlei sein kann: entweder wirklich oder dem eigenen Verständnis nach, das heißt gemäß dem wahren Sachverhalt oder gemäß dem Dafürhalten. Und auf jede der beiden Weisen ist es eine Todsünde; denn in jedem Falle wird Gott mißachtet. Und obgleich einer, der gegen sein Gewissen handelt, nicht immer tatsächlich gegen das Gesetz Gottes handelt, tut er es

doch entweder nach dem wahren Sachverhalt oder nach seinem Dafürhalten. Denn das Gewissen ist wie ein Herold Gottes und wie sein Gesandter, und was es spricht, fordert es nicht aus sich, sondern es fordert es gleichsam von Gott aus, wie ein Herold, wenn er ein Edikt des Königs bekanntmacht. So kommt es, daß das Gewissen bindende Kraft in den Dingen hat, die auf irgendeine Weise sittlich gut getan werden können.

4. Zu dem Argument, daß das Gewissen nicht von irgendetwas lossprechen könne, ist zu sagen, daß das einander nicht entspricht, weil das Gewissen nicht ein anderes Gesetz brechen kann; deshalb kann es weder von einem Gebot Gottes lossprechen noch von der Weisung eines geistlichen Oberen, dem sich der Mensch durch das Gesetz eines Gelübdes untergeben hat. Daraus folgt aber trotzdem nicht, daß das Gewissen überhaupt nicht binden könne; vielmehr ist dies ein falscher Schluß, der durch einen fehlerhaften Untersatz entsteht. Weil also die Aussage: »Das Gewissen vermag nichts über ein Höheres, folglich vermag es nichts« über ein Niederes« falsch ist, ist auch diese falsch: »Das Gewissen kann den Menschen nicht vom Gebot eines Oberen lösen, folglich kann es ihn auch nicht binden.« Man kann aber wohl darauf schließen, daß es nicht gegen das Gebot eines Höheren binden kann. Dennoch kann es uns zu etwas verpflichten, und zwar deshalb, weil es auf eine gewisse Weise über uns ist und die Mitte zwischen uns und Gott hält, so wie der Herold zwischen dem König und dem Volk vermittelt.

Daraus ergibt sich, was zuletzt als Frage auftaucht, eben wann das Gewissen bindet und wann es nicht bindet.

Es folgt aus dem Gesagten auch, daß ein Mensch nicht anders als auf eine gewisse Zeit durch sein

Gewissen ausweglos verstrickt sein kann, nämlich solange es unverändert in ihm bleibt; er ist
aber nicht schlechthin ausweglos verstrickt, weil
er nämlich dieses Gewissen aufgeben muß; und
wenn er aus eigenem Vermögen nicht darüber zu
entscheiden weiß, weil er das Gesetz Gottes nicht
kennt, muß er Weisere befragen oder sich im Gebet an Gott wenden, wenn menschlicher Rat aus-
bleibt. Sonst bewahrheitet sich an ihm, wenn er
darin unachtsam ist, was Paulus [1. Kor. 14,38]
sagt: »Wer es nicht weiß, von dem wird Gott nicht
wissen.« Daraus ergibt sich auch, daß dem Gebot
eines Oberen eher zu folgen ist als dem eigenen
Gewissen, besonders in den Fällen, in denen der
Obere vorschreibt, was er vorschreiben kann und
muß.

Zweiter Artikel
ÜBER DEN GEWISSENSGRUND (*SYNDERESIS*)
Folgerichtig wird nun nach dem zweiten Hauptbe-
griff gefragt, also nach dem Gewissensgrund, der
ein Funke des Gewissens ist. Und dabei werden drei
Teilfragen aufgeworfen.
Als erstes stellt sich eine Frage, die das Wesen des
Gewissensgrundes anlangt, ob er nämlich zur Erkenntnis oder zum Affektiven[32] gehört.
Zweitens fragt sich im Hinblick auf seinen Gebrauch, ob er zum Beispiel durch eine Sünde ausgelöscht werden kann.
Drittens wird nach dem Gewissensgrund in Hinsicht auf seinen Mißbrauch gefragt, nämlich ob er
durch Sünde beschädigt werden kann.

---

32 Bonaventura zielt auf die Vermögen der *anima rationalis*, der
Vernunftseele, deren Erregungen *(affectiones)* ausrichtend
wirken, weshalb der Wille zum affektiven Seelenteil zählt.
Das Erkennen gehört dagegen zum intellektiven Teil.

Erste Frage
OB DER GEWISSENSGRUND ZUR ERKENNTNIS ODER ZUM AFFEKTIVEN GEHÖRT

Das Vorgehen zum ersten Punkt soll so sein: Es wird gefragt, ob der Gewissensgrund in seiner Art kognitiv oder affektiv ist.

DASS ER AFFEKTIV IST, SCHEINT SICH AUS FOLGENDEM ZU ERGEBEN:

1. Daraus, was in der Glosse [des Hieronymus] zu Hes. 1 gesagt wird, in der nach langen Erläuterungen über den Gewissensgrund [Röm. 8,26] zitiert wird: »Er ist der Geist, der ›für uns mit unaussprechlichen Seufzern bittet‹«. Seufzen aber ist eine Handlung des Affekts. Wenn folglich der Gewissensgrund ein Seufzen ist, gehört er zum affektiven Vermögen.

2. Ebenso sagt Ambrosius, und das ist in dieser Schrift zitiert, daß »der Mensch, auch wenn er der Sünde unterworfen ist, von Natur aus das Gute will« [Augustinus De pecc. merit. remiss. 25,38]. Das aber, was uns von Natur aus zum Guten wendet, ist entweder der Gewissensgrund oder das Gewissen. Folglich ist der Wille, der uns zum Guten zieht, entweder der Gewissensgrund oder das Gewissen. Das Gewissen ist es aber nicht; also ist es der Gewissensgrund.

3. Zudem »steht dem Bösen das Gute entgegen«; aber wir haben im sinnlich bewegenden Seelenteil etwas, das uns zum Bösen verleitet. Folglich muß es in uns im bewegenden Teil der Vernunftseele etwas geben, das auf dem Guten besteht; das aber ist nichts anderes als der Gewissensgrund. Also gehört der Gewissensgrund zum affektiven Teil [der Vernunftseele].

4. Ebenso wie die Vernunft des Lichtes bedarf, um zu urteilen, so bedarf der Affekt einer gewissen Glut und eines gewissen Gewichtes, um recht zu lieben. Wie es im kognitiven Seelenteil eine be-

stimmte natürliche Richterinstanz gibt, nämlich das Gewissen, so gäbe es demnach im affektiven Seelenteil eine Schwerkraft, die zum Guten hin zieht und ausrichtet; das aber ist allein der Gewissensgrund, folglich – usw.

ABER DAGEGEN ERHEBEN SICH FOLGENDE EINWÄNDE:

1. Die Glosse des Hieronymus zu der Stelle Mal. 2,16 »Gebt acht auf euren Geist; das Weib deiner Jugend verachte nicht« sagt: »Unter dem Weib der Jugend verstehe das natürliche Gesetz, das ins Herz geschrieben ist! Geist aber heißt nicht der Seelenteil, der das Göttliche nicht aufnehmen kann, sondern der vernünftige.« Den nennt er aber Gewissensgrund; so scheint es, als leite sich der Gewissensgrund aus der Vernunft oder Erkenntniskraft ab. Wenn du nun einwenden wolltest, daß das Wort *Geist* an dieser Stelle für Intellekt und Affekt zusammen stünde, wird man mit dem Zitat entgegnen, das sich in ebender Glosse anschließt: »Er ist der Geist, der für uns mit unaussprechlichen Seufzern bittet«; aber bitten ist eine Handlung der Vernunft, folglich – etc.

2. Weiter heißt es in der Glosse [des Beda Venerabilis] zu der Stelle Luk. 10,30 »Sie gingen davon und ließen ihn halbtot liegen«: »Sie können ihm die Unsterblichkeit rauben, aber ihm den verständigen Sinn wegzunehmen vermögen sie so wenig, daß der Mensch noch immer weise sein und Gott erkennen kann«.[33] Wenn sich aber der verständige Sinn dem Verstand verdankt und ein so ge-

---

33 Beda gibt der Stelle also eine Deutung, in der der Überfallene eine Art von Mitschuld an seinem Überfallenwerden trägt; durch den Verlust der Unsterblichkeit ist er halbtot, durch die erhaltene Weisheit noch halb lebendig.

arteter Sinn, der in uns bleibt, nichts anderes als der Gewissensgrund ist, scheint es – usw.

3. Zudem sind der Funke des Gewissens und das Gewissen in demselben Seelenteil. Aber das Gewissen gehört, wie oben gezeigt wurde, zum erkennenden Teil, und der Gewissensgrund ist der Funke des Gewissens, wie es [in der Glosse der Hieronymus] über Hes. 1 heißt: Also scheint es, als leite sich der Gewissensgrund vom erkennenden Seelenvermögen her.

4. Außerdem ist der Gewissensgrund, wenn er sich aus dem bewegenden Seelenteil herleitet, entweder ein Vermögen oder ein Erleiden oder ein Habitus. Ein Erleiden ist er nicht. Das steht fest. Auch ein Habitus ist er anscheinend nicht, weil er dann entweder gut oder böse sein müßte. Er ist aber nicht gut, denn wenn er gut wäre, wäre er eine Tugend. Wenn er böse wäre, wäre er ein Laster, und das kann man beides nicht dem Gewissensgrund zusprechen. Aber auch ein Vermögen ist er offenbar nicht, weil das Vermögen zu wollen sich gegenüber allem, was angestrebt werden kann, unterschiedslos verhält. Vom Gewissensgrund spricht man aber nicht in Hinsicht auf Speise und Trank und ähnliches, wonach uns verlangt. So scheint es nicht so, als gehörte der Gewissensgrund auf irgendeine Weise zum affektiven Seelenteil.

Es ist folglich die Frage, was der Gewissensgrund überhaupt sei, wie er im Vergleich zum natürlichen Sittengesetz und zum Gewissen bestimmt werden muß, wie beide sich zueinander verhalten und ob sie dasselbe meinen oder verschieden sind.

Weiter muß man dem Problem nachgehen, wie sie sich zu den drei Vermögen der Seele, nämlich dem des Begehrens, des Zürnens und dem der Vernunft verhalten. Es scheint nämlich so, als gäbe es etwas außerhalb dieser drei, wie es aus der Glosse [des Hieronymus] über Hes. 1 zur Stelle »Ihre Menschengesichter...«[34] hervorgeht: »Die meisten beziehen nach Plato die Vernunftfähigkeit der Seele, ihr Zürnen und ihr Begehren auf den Menschen und den Löwen und den Stier... das vierte aber halten sie für das, was sich über diesen und außerhalb von ihnen befindet und was die Griechen *synderesis* nennen. Die *synderesis*, der Funke des Gewissens, ist nicht einmal in Kain erloschen. Und wir, von Begierden und Wut überwältigt und mitunter von etwas getäuscht, das dem Verstand ähnelt, werden uns durch die *synderesis* unseres Sündigens bewußt. Die Griechen begreifen die *synderesis*, die sich mit den anderen drei Eigenschaften nicht vermischt, sondern diese korrigiert, als Kennzeichen des Adlers.« Aus dieser Glosse scheint hervorzugehen, daß der Gewissensgrund sich von jenen drei Vermögen unterscheidet.

Aber dagegen steht, was im Buch [eines Ps.-Augustinus] »Über den Geist und die Seele« [Kap. 13] gesagt wird: daß die Kräfte der Seele durch diese drei genügend unterschieden werden, also durch Begierde, Zorn und Vernunft. Folglich scheint es, wenn der Gewissensgrund Bestandteil der Seele (*aliquid animae*) ist, daß er sich notwendig einer dieser drei Kräfte verbindet – oder aber allen drei Kräften.

---

34 Das ist Hes. 1,10, worauf bei Hieronymus in der Auslegung der Verse 1,6–8 schon vorausverwiesen wird. Das folgende Zitat entspricht aber dem Kommentar des Hieronymus zu Hes. 1,6–8, vgl. unsere Übersetzung S. 50. Die Abweichungen in der Wiedergabe gehen auf Unterschiede zwischen Hieronymusausgabe und Bonaventuras Hieronymustext zurück.

Lösung

* Der Gewissensgrund gehört, weil er zum Guten anspornt, zum Bereich des Affektes

ICH ANTWORTE SO: Man muß davon ausgehen, daß es zur Unterscheidung des Gewissensgrundes von den anderen Seelenkräften mancherlei Ansichten gibt, wie auch zur Unterscheidung der anderen Kräfte der Seele.

EINIGE MÖCHTEN NÄMLICH ANNEHMEN und aus der zuvor zitierten Glosse über Hes. 1 ableiten, daß der Gewissensgrund das Höchste der Seele sein soll. Das Höchste der Seele aber ist der höhere Teil des Verstandes, durch den die Seele zu Gott gekehrt wird, und dieser höhere Teil gebietet dem niederen Teil des Verstandes, dem begehrenden und dem zornfähigen Seelenvermögen. Dieser höhere Teil des Verstandes sagt aber, wenn er zu Gott gewandt ist, immer das Rechte; er verbiegt sich aber dennoch, insofern er zu jenen niederen Kräften herabsteigt. Und diese Autoren haben gelehrt, daß zwischen Gewissensgrund und Gewissen und dem natürlichen Sittengesetz folgender Unterschied besteht: daß nämlich *Gewissensgrund* jenes Vermögen selbst benennt, also den höchsten Verstandesteil; *Gewissen* aber benennt den dazugehörigen Habitus, mit dem der Gewissensgrund den niederen Teil des Verstandes regiert; *Naturgesetz* aber bezeichnet das, worauf das Gewissen orientiert.

Dieser Sprachgebrauch schiene ziemlich überzeugend, wenn er nicht jener oben angeführten Glosse widerspräche, die sagt, daß sich der Gewissensgrund den anderen, sündigenden Vermögen nicht beimischt. Da aber eine Todsünde nicht ohne eine Handlung des oberen Teiles des Verstandes sein kann, weil darin, daß der Mann [Adam von dem Apfel] gegessen hat, der Inbegriff solcher Sünde besteht, verhält es sich so: Wenn der Gewissensgrund der obere Teil des Verstandes wäre, würde er sich gerade in die anderen, sündigenden Seelenkräfte einmischen. Außerdem benennt der obere Teil des Verstandes eine Ausrichtung auf Gott. Die Tätigkeit des Gewissensgrundes betrifft aber nicht allein Gott, sondern auch den Nächsten, weil das natürliche Sittengesetz auf beide abzielt.

UND DESHALB GIBT ES EIN ANDERES VERSTÄNDNIS der Bezeichnungen, nämlich: Die verständigen Vermögen, das sind Vernunft und Affekt, werden sowohl auf natürliche Weise als auch durch Erwägung bewegt. Wie die Freiheit der Entscheidung im Verstand und im Willen liegt, insofern der Wille durch Erwägung bewegt wird, so betreffen deshalb das Gewissen und der Gewissensgrund den Verstand und den Willen, soweit sie natürlich bewegt werden – sowohl das Gewissen als auch der Gewissensgrund als auch das natürliche Gesetz neigen ja immer zum Guten. Aber die freie Entscheidung neigt sich bald zum Guten, bald zum Bösen. Und wie die freie Entscheidung gleichzeitig Verstand und Willen umgreift, so umgreift auch der Gewissensgrund Verstand und Willen, und das natürliche Sittengesetz verhält sich ebenso, das Gewissen tut ebenfalls ein Gleiches; sie können auch als dasselbe aufgefaßt werden. Recht eigentlich benennt jedoch *Gewissensgrund* die Potenz, *Gewissen* den Habitus, *Naturgesetz* das Objekt.
Oder man nimmt den Sachverhalt anders auf, so daß dann *Gewissensgrund* den Habitus in bezug auf das Gute und Böse im allgemeinen bezeichnet, *Gewissen* den Habitus in bezug auf das Gute und Böse im einzelnen, das natürliche Sittengesetz sich aber zu beiden gleich verhält.
Aber weil, wie oben gezeigt worden ist, *Gewissen* einen Habitus bezeichnet, der zur Vernunft gehört, müßte man gezwungenermaßen außer Gewissen und Gewissensgrund noch eine weitere richtungs-

weisende Kraft in uns annehmen, oder man muß
annehmen, daß der Gewissensgrund zum Affekt gehört.

UND DESHALB GIBT ES EINE DRITTE WORTVER-
WENDUNG, die sagt: So wie die Vernunft von der
Erschaffung der Seele her ein Licht hat, und zwar
ihr natürliches Urteilsvermögen, das sie in dem,
was zu begreifen ist, leitet, so hat der Affekt gewissermaßen ein natürliches Lot, das ihn zu dem leitet,
was anzustreben ist. Anzustrebendes gibt es nämlich von zweierlei Art: Einiges ist seiner Art nach
ehrenhaft, einiges angenehm, wie auch das Erkennbare von zweierlei Art sein kann: spekulatives
Wissen oder solches über Moral. Und wie das Gewissen jenes Urteilsvermögen nur insoweit bezeichnet, wie es sich auf moralische Handlungen
richtet, so bezeichnet auch der Gewissensgrund
jene Schwerkraft des Willens beziehungsweise den
Willen mit jenem Lot allein in dem Sinn, daß der
Gewissensgrund den Willen auf ein ehrenhaftes
Gut orientiert. Wie der Name *Gewissen* für ein Vermögen mit einem solchen Habitus verwendet werden kann oder aber für den Habitus eines solchen
Vermögens, so auch der des Gewissensgrundes. Es
ist allerdings gebräuchlicher, daß *Gewissensgrund*
eher das habituelle Vermögen (*potentia habitualis*),
als daß er den Habitus benennt. So tun es auch die
Lehrer, die oben angeführt wurden. Und weil dieses Vermögen sich niemals vom Habitus trennt,
werden deshalb Habitus und Vermögen unter einem Namen zusammengefaßt, und das Vermögen,
auf diese Weise habituell verfaßt, erwählt sich den
Namen seines Habitus.
Daraus folgt die Antwort auf die zuerst gestellte Frage, in der es darum ging, ob *Gewissensgrund* etwas
Affektives oder Erkenntnismäßiges bezeichnet. Ich
sage nämlich, daß *Gewissensgrund* das bezeichnet,

was zum Guten anspornt; und deshalb leitet er sich aus dem Affekt her, wie die Gedankengänge, die zum ersten Teil der Frage aufgeführt wurden, deutlich machen.

1. Dazu aber, was zuerst für die Gegenposition vorgebracht wurde, daß der Gewissensgrund ein vernünftiger Geist sei, der fordert und interveniert, ist zu sagen: Wie Gregor der Große über Hiob 1 sagt, sprechen wir zu Gott nicht nur in Gedanken und äußeren Worten, sondern auch mit Affekten und Sehnsüchten. Solange der Gewissensgrund uns unablässig antreibt und dazu bringt, das Gute zu ersehnen, sagt man deswegen, er »vertrete uns vor Gott mit unaussprechlichen Seufzern«.

2. Dazu, was über den verständigen Sinn eingewandt wurde, ist zu bemerken, daß dort unter dem verständigen Sinn eher die natürliche Urteilskraft als der Gewissensgrund verstanden wurde. Wenn nun jemand nachdrücklich behauptet, daß unter jenem Sinn der Gewissensgrund verstanden werden soll, ist noch auseinanderzuhalten, daß das Wort Verstand manchmal im eigentlichen Sinn verwendet wird, als erkennender Seelenteil, aber manchmal auch im allgemeinen Sinn, und dann umfaßt es den gesamten verständigen Geist. Und so wird auch der verständige Sinn nicht nur vom erkennenden Seelenteil her aufgefaßt, sondern auch für den affektiven Seelenteil gebraucht, wie es für Geschmack und Berührung im spirituellen Sinne zutage tritt. Deshalb kann man daraus nicht folgern, daß der Gewissensgrund zum erkennenden Seelenteil gehört.

3. Zu dem Einwurf, der Gewissensgrund sei der Funke des Gewissens, ist zu sagen, daß er deshalb Funke genannt wird, weil das Gewissen aus sich

selbst nicht bewegen noch stechen oder anspornen kann, sondern nur durch Vermittlung des Gewissensgrundes, der gleichsam sein Sporn und Funke ist. Von daher kann, wie der Verstand nicht anders zu bewegen vermag als durch Vermittlung des Willens, auch das Gewissen nicht bewegen außer mit Hilfe des Gewissensgrundes. Und deshalb folgt daraus nicht, daß der Gewissensgrund zum Verstand, sondern eher, daß er zum Affekt gehöre.

4. Dazu, daß gefragt wurde, was der Gewissensgrund sei, Vermögen, Erleiden oder Habitus, ist zu sagen, daß er im eigentlichen Sinn ein Vermögen ist, aber dennoch nicht das Vermögen des Willens überhaupt bezeichnet, sondern nur den Willen, insoweit er natürlich bewegt wird; und hier wiederum nicht schlechthin, sondern nur in Hinsicht auf ein ehrenhaftes Gut oder sein Gegenteil. Nichtsdestoweniger kann der Gewissensgrund auch einen Habitus benennen, aber er darf weder Tugend noch Laster genannt werden, weil Tugend und Laster eigentlich die freie Entscheidung betreffen, auch den Willen, insofern er frei, nicht aber, insofern er natürlich ist.

AUS DEM BISHER GESAGTEN ERGIBT SICH DIE ANTWORT AUF DIE ZULETZT GESTELLTEN FRAGEN. Auf die Frage nämlich, wie sich der Gewissensgrund zu Gewissen und natürlichem Sittengesetz verhält, muß man antworten, daß sich der Gewissensgrund zum Gewissen so verhält wie die Liebe (*caritas*) zum Glauben oder der Habitus des Affekts zum Habitus der praktischen Vernunft, insofern diese ein Habitus ist. Das natürliche Sittengesetz steht in gleichem Verhältnis zu beiden, also zum Gewissensgrund und zum Gewissen. Denn das Naturgesetz kann man auf doppelte Weise auffassen: einerseits so, daß es einen Habitus in der Seele bezeichnet, und so benennt es, weil wir durch das Naturgesetz unterwiesen und auf das Rechte ausgerichtet werden, einen Habitus, der Vernunft und Affekt umfaßt, und so umfaßt das Naturgesetz Gewissensgrund und Gewissen. Andererseits wird als Naturgesetz eine Sammlung von Vorschriften des Naturrechts verstanden; und so benennt es das Objekt von Gewissensgrund und Gewissen, und zwar das Objekt des einen als der befehlenden, des anderen als der ausrichtenden Instanz. Denn das Gewissen befiehlt, der Gewissensgrund strebt an oder widerstrebt. Und in beiden Verwendungsweisen findet sich die Bezeichnung *Naturgesetz* in verschiedenen Autoritätszitaten; in letzterer Bedeutung wird sie aber eher in ihrem eigentlichen Sinn verstanden. Um so auch zum Eigentlichen zu sprechen: *Gewissensgrund* bezeichnet ein affektives Vermögen, insofern er auf natürliche Weise zum Guten fähig ist und zum Guten neigt; *Gewissen* hingegen bezeichnet einen Habitus der praktischen Vernunft, und *Naturgesetz* meint beider Objekt.

Daraus folgt die Antwort auf die letzte Frage, wie sich der Gewissensgrund zu den Vermögen des Begehrens, der Vernunft und des Zorns verhält. Diese drei Vermögen stehen nämlich ohne innere Differenzierung für Seelenpotenzen, ob sie nun natürlich oder durch freie Entscheidung bewegt werden. *Gewissensgrund* benennt aber ein affektives Vermögen, insofern es natürlich und zum Rechten bewegt wird; und deshalb unterscheidet er sich von den anderen Vermögen nicht in seinem Wesen als Potenz, sondern nach seiner Bewegungsart. Und weil er sich nach dieser Bewegungsart immer richtig verhält, ergibt sich daraus, daß von ihm gesagt wird, daß er über die anderen Vermögen hinfliege und daß er, wenn die anderen irren, sich nicht mit ihnen vermengt und sie doch berichtigt.

Zweite Frage
OB DER GEWISSENSGRUND DURCH
SÜNDE AUSGELÖSCHT WERDEN KANN

Zweitens stellt sich die Frage, ob der Gewissensgrund durch Sünde ausgelöscht werden kann.

OFFENSICHTLICH IST DAS SO.

1. Über das Psalmwort [14,1]: »Sie sind verdorben
   und ein Greuel geworden« sagt die Glosse: »Sie
   sind aller Kraft des Verstandes beraubt«. Aber der
   Gewissensgrund ist ein vernünftiges Vermögen;
   also kann durch die Größe der Sünde der Gewissensgrund geraubt werden, zumindest in Hinblick auf das Tun.

2. Weiter sagt zum Psalmwort [56,4]: »Vom hohen
   Mittag an werde ich mich fürchten« die Glosse
   [glossa ordinaria]: »Die Abstumpfung selbst ist,
   wer nicht fühlt«, und weiter heißt es: »Dummer
   Dünkel ist der Abstumpfung ähnlich, weil jemand, der auf sich selbst hofft, nichts fürchtet
   und sich nicht hütet«. Wie es demnach durch Abstumpfung dem Körper widerfährt, daß er un-
   empfindlich für körperliche Krankheit wird, so
   geschieht es auch der Seele, daß sie unsensibel
   wird für die geistliche Krankheit. Wenn sich also
   der Gewissensgrund der geistlichen Krankheit
   widersetzt, kommt es offenbar manchmal vor,
   daß der Gewissensgrund ausgelöscht wird.

3. Außerdem nehmen die Ketzer für ihren Irrtum
   ohne jeden Gewissensbiß den Tod auf sich. Wenn
   es demnach Eigenschaft des Gewissensgrundes
   ist, sich dem Bösen zu widersetzen, und er in den
   Ketzern keinerlei Widerstand leistet, scheint er
   bei ihnen vollkommen erloschen zu sein.

4. Zudem ist der Sündentrieb (*fomes*) das Gegenteil
   des Gewissensgrundes; aber dieser Trieb kann
   unter Umständen völlig ausgetilgt werden, wie
   man an der Seligen Jungfrau sieht; folglich

scheint es, als könne es auch dem Gewissensgrund geschehen, daß er durch die Größe der Sünde in vergleichbarer Weise ausgelöscht wird.

DAGEGEN STEHEN FOLGENDE ARGUMENTE:

1. In der angeführten Glosse [des Hieronymus] über die Stelle Hes. 1 »Die Adlergesichter...« heißt es: »Der Funke des Gewissens ist in Kain nicht erloschen«. Wenn aber Kain ein großer Sünder war, scheint es, daß der Gewissensgrund durch Sünde nicht ausgelöscht werden könne.

2. Außerdem sagt Augustinus im zweiten Buch »Über den Gottesstaat« [26]: »So groß ist die Macht der Rechtschaffenheit und der Keuschheit, daß alle oder fast alle menschliche Natur zu ihrem Lob bewegt wird und daß sie durch lasterhafte Schändlichkeit nicht soweit kommt, jeden Sinn für das Ehrenhafte zu verlieren.« Wenn also jener Sinn für das Ehrenhafte der Gewissensgrund ist, scheint er nicht durch Sünde ausgelöscht werden zu können.

3. Weiterhin ist das, was einem Seienden von Natur aus innewohnt, von diesem nicht zu trennen. Aber der Gewissensgrund wohnt uns von Natur aus inne. Deshalb können wir offenbar seine Tätigkeit durch Sünde nicht gänzlich verlieren, denn »die Verirrung«, wie Augustinus sagt, »verwischt nicht die letzten Spuren der Natur« [De civ. Dei lib. XIX,12].

4. Außerdem wäre der Gewissensgrund, wenn er überhaupt in einigen ausgelöscht sein sollte, am ehesten in den Verdammten getilgt. Aber in den Verdammten verlischt er nicht, weil der Gewissensbiß aus dem Handeln des Gewissensgrundes kommt, und dieser Gewissensbiß ist in ihnen besonders stark, weil »ihr Feuer nicht ausbrennen und ihr Wurm nicht sterben wird« [Mk. 9,44]. Folglich...

Lösung

* Der Gewissensgrund kann für gewisse Zeit am Handeln gehindert, aber nicht für jedes Handeln und für alle Zeit ausgelöscht werden

ICH ANTWORTE: Man muß feststellen, daß der Gewissensgrund bei seiner Handlung behindert werden kann, aber nicht ausgelöscht. Er kann aber deshalb nicht ausgelöscht werden, weil er uns nicht vollständig geraubt werden kann, da er etwas Naturgegebenes bezeichnet. Deshalb sagt auch die Glosse über die Stelle Luk. 10 [30] »Sie gingen fort und ließen ihn halbtot liegen«: »Sie können ihm die Unsterblichkeit rauben, aber ihm den verständigen Sinn wegzunehmen vermögen sie so wenig, daß der Mensch noch immer weise sein und Gott erkennen kann« und »Verirrung verwischt niemals die letzten Spuren der Natur«.

Obwohl aber sein Handeln nicht überhaupt aufgehoben und getilgt werden kann, kann es doch auf Zeit behindert werden, sei es, weil er durch [geistliche] Erblindung im Dunkel sei, sei es wegen der Zügellosigkeit der Lust, sei es wegen der Härte der Verstockung.

Durch die Finsternis der Blindheit wird der Gewissensgrund in dem Sinne gehemmt, daß er dem Bösen nicht mehr widerspricht, weil er das Böse für gut hält; so ist es mit den Ketzern, die für die Gottlosigkeit ihres Irrtums sterben und dabei glauben, daß sie um der Frömmigkeit des Glaubens willen sterben; und so spüren sie den Gewissensbiß nicht, sondern eher eine gewisse eingebildete und eitle Freude.

Durch die Zügellosigkeit der Lust wird der Gewissensgrund gleichfalls behindert; manchmal ist der Mensch nämlich bei fleischlichen Sünden vom Werk des Fleisches so in Anspruch genommen, daß der Gewissensbiß nicht stattfindet, weil die fleischlichen Menschen mit solcher Wucht von der Lust hingerissen werden, daß der Verstand keinen Platz mehr hat. Auch durch die Härte der Verstockung wird der Gewissensgrund behindert, so daß er nicht mehr zum Guten anregt, wie es bei den Verdammten der Fall ist, die so sehr im Bösen feststecken, daß sie sich nie wieder zum Guten neigen können. Und dadurch findet der Gewissensgrund, was die Anregung zum Guten angeht, ein ewiges Hindernis vor. Deswegen kann er, was dieses Wirken angeht, als erloschen bezeichnet werden. Er ist aber dennoch nicht schlechthin ausgelöscht, denn er hat noch eine andere Anwendung, nämlich die des Widerspruchs. Und in diesem Gebrauch, nach dem der Gewissensgrund gegen das Böse sticheln und aufbegehren soll, wird er sogar in den Verdammten besonders stark ausgeprägt sein; und das sage ich im Bezug darauf, daß das Aufbegehren gegen das Böse den Charakter von Strafe trägt, nicht den einer Rechtfertigung, weil dieses Aufbegehren dazu dienen wird, sich der göttlichen Gerechtigkeit zu übergeben, aber nicht mehr dazu, eine fruchtbringende Buße herauszulocken. Von daher wird der Gewissensgrund die Verdammten ihrer Schuld anklagen, jedoch in Verbindung mit [göttlicher] Strafe.

Und so ergibt sich, daß der Gewissensgrund in seiner Tätigkeit behindert werden kann, aber dennoch niemals völlig, für jede Tätigkeit und alle Zeit, ausgelöscht werden kann, wie die Vernunftgründe zeigen, die zum zweiten Teil angeführt wurden; ihnen ist deshalb auch beizupflichten.

1. Dazu aber, was aus der Glosse eingewendet wurde: es könne geschehen, daß der Mensch durch das Böse aller Kraft des Verstandes beraubt werde, ist zu bemerken, daß »Verstand« dort für die Vermögen des Denkens und der bedenkenden Motivation aufgefaßt wird, und dieses Nachdenken ist in einigen völlig zum Bösen gekehrt. *Ge-*

wissensgrund aber bezeichnet, wie schon gezeigt wurde, nicht die Kraft der Verstandesseele in ihrer Eigenschaft, durch Erwägung zu bewegen, sondern in ihrer Eigenschaft, natürlich zu bewegen. Und daher trägt diese Glosse nichts zu dem hier Diskutierten bei. Man darf nicht annehmen, daß die Glosse sagen wolle, durch Sünde vermindere sich das Vermögen; es vermindert sich vielmehr die Rechtschaffenheit des Vermögens.

2. Zu dem Einwand, daß der Mensch durch die Sünde abstumpft, ist zu sagen, daß man diese Parallele ziehen kann, insofern es sich um das erwägende Vermögen handelt, durch das in uns ein dummer Dünkel wohnt. Es könnte aber hinzugefügt werden, daß die Abstumpfung den Sinn nicht völlig aufhebt, sondern nur auf Zeit; und es kann sehr wohl sein, daß die Seele für eine Zeit zur Sünde hingezogen wird, so daß sie überhaupt keinen Gewissensbiß verspürt, ob nun durch die Intensität der Lust oder durch Blindheit, wenn sie denkt, das Böse sei gut.

3. Zu dem Einwand über die Ketzer ist die Antwort jetzt klar. Ich gestehe nämlich zu, daß ihr Gewissensgrund seine Anwendung nicht darin findet, sich dem Übel des Irrtums zu widersetzen, in den sie gefallen sind; dennoch ist er nicht ausgelöscht, weil er anderen Übeln und dem, was die Ketzer für schlecht halten, widerspricht.

4. Zu dem, was über den Sündentrieb eingewandt wurde, ist zu sagen, daß es sich nicht um Vergleichbares handelt, denn der Sündentrieb ist eine außerhalb der Natur liegende Ursache für Laster, und deshalb kann er völlig unterdrückt werden; die Natur bleibt dabei unversehrt. Das ist aber für den Gewissensgrund nicht der Fall. Er ist nämlich gemäß dem Urzustand der Natur in uns und kann dadurch ohne Beschädigung der Natur nicht völlig beseitigt werden.

Es gibt auch noch eine andere Begründung: Daß nämlich der Gewissensgrund eine Gnade oder ein Gnadengeschenk ist, das uns umsonst gegeben wurde. Die Gabe wirkt dem Sündentrieb zielgerichtet entgegen und hebt die Gebrechen des Fleisches auf. Laster und Sünde haben aber mit dem Wirken des Gewissensgrundes nichts zu schaffen, und deshalb bleiben im Menschen, wieviel er auch sündigt, sowohl das Gewissen als auch der Gewissensgrund.

Dritte Frage
OB DER GEWISSENSGRUND
DURCH DIE SÜNDE SCHADEN NEHMEN KANN

Als drittes stellt sich die Frage nach dem Mißbrauch des Gewissensgrundes. Dabei geht es darum, ob der Gewissensgrund durch die Sünde Schaden nehmen kann.

ES SCHEINT, DASS DAS SO IST.

1. Die Glosse [des Hieronymus] über Hes. 1 [10] »Ihnen zur Rechten sind vier Gesichter, gleich denen von Adlern« spricht über Gewissen und Gewissensgrund und sagt dort: »Wir sehen oft, daß das Gewissen gestürzt wird und seinen Platz räumt, wenn Menschen ohne Scham sündigen, von denen man mit Recht sagt:»Das Gesicht einer Hure hast du bekommen« [Jer. 3,3]. Weil es aber keinen Sturz des Gewissensgrundes ohne Schuld gibt, folgt daraus…

2. Weiter heißt es in der Glosse zur Stelle Jer. 2 [16] »Die Söhne von Memphis…«: »Der böse Geist dringt von den unteren Gliedern bis zum Scheitel vor, sobald die Krankheit des Mißtrauens die reine Erhabenheit unseres Geistes entstellt«; aber die reine Erhabenheit unseres Geistes ist der Gewissensgrund selbst: Also wird er unter Umständen von der Sünde verfälscht.

3. Ebenso erscheint es, wenn man es [nicht von Autoritäten aus, sondern] durch Vernunft erhellt: Strafe und Schuld erwachsen aus demselben. Aber durch die Wirkung des Gewissensgrundes, die darin besteht, sich der Sünde zu widersetzen, wird die Seele bestraft. Folglich geschieht es durch sein Wirken auch, daß man Sünde begeht.

4. Weiterhin folgt der Gewissensgrund dem Gewissen als seinem natürlichen Urteilsvermögen. Aber das Gewissen kann richtig oder falsch sein: Dann erscheint es als notwendig, daß der Gewissensgrund zuweilen geradewegs auf das Rechte bewegt wird, zuweilen zur Sünde abgelenkt wird. Wenn aber der Motivationsakt eine Fehlorientierung aufweist und darin eine Schuld besteht, folgt...

5. Außerdem heißt es »Gegensätze sind dazu bestimmt, an demselben zu wirken« [vgl. Arist. Met. X,7]; aber die Gabe der Weisheit und die Seligkeit der Trauer[35] wirken am Gewissensgrund, weil die Gabe der Weisheit das Höchste der Seele betrifft und der Gewissensgrund »für uns mit unaussprechlichen Seufzern bittet«. Wenn aber der Gabe der Weisheit und der Seligkeit der Trauer die Schuld entgegengesetzt ist, scheint es, als bezöge sich die Schuld auf dieses Vermögen.

6. Zudem hat es der Gewissensgrund entweder mit den höchsten oder mit den mittleren oder mit den niedrigsten Gütern zu tun. Wenn er sich aber auf die höchsten Güter beziehen würde, dann wären das Gnade und Tugend; aber beides ist falsch, weil der Gewissensgrund auch im Stande der

---

35 Bonaventura nimmt Bezug auf die Reihen der 7 Gaben des Hl. Geistes nach Jes. 11,2 und der 8 Seligkeiten nach Mt. 5,3–10. Sie gehörten im Mittelalter zum festen Bestand katechetischer Unterweisung.

Sünde erhalten bleibt. Gesetzt nun, er bezöge sich auf die mittleren Güter: Es kommt aber vor, daß diese mißbraucht werden. Deshalb stößt es auch dem Gewissensgrund zu, daß er mißbraucht wird. Aber Mißbrauch ist eine Schuld. Also kann das Handeln des Gewissensgrundes schuldhaft sein. Daß die niedrigsten Güter nicht in Frage kommen, darüber besteht kein Zweifel, denn die niedrigsten Güter sind die des Körpers.

DAGEGEN STEHEN FOLGENDE ARGUMENTE:

1. Die Stelle aus der Glosse [des Hieronymus] über Hes. 1: »Die Griechen begreifen den Gewissensgrund, der sich mit den anderen drei Eigenschaften nicht vermischt, sondern ihre Irrtümer korrigiert, als Kennzeichen des Adlers«. Wenn er sich mit den dreien nicht vermischt, sondern sie vielmehr korrigiert, scheint es, als könne seine Handlung nicht sündhaft sein.

2. Außerdem sagt Ambrosius, und Petrus Lombardus in seiner Schrift mit ihm, über Röm. 7 [16 u. 20] »Was ich nicht will, das eben tue ich«, daß der Mensch von Natur aus immer das Gute will. Wenn dieser Wille nichts anderes ist als der Gewissensgrund, will der Gewissensgrund immer das Gute. Wenn er immer das Gute will, sündigt er folglich nie.

3. Zudem wird jene Kraft, die in ihrer Bewegung die Sünde zielgerichtet bekämpft, von der Sünde nicht beschädigt; aber das Wirken des Gewissensgrundes widersetzt sich immer dem Schuldigwerden, selbst bei den schlimmsten Sündern. So scheint es, daß er durch Schuld nicht zum Bösen abgelenkt und aus seiner Richtung auf das Gute gebracht werden kann.

4. Weiter: In dem Moment, in dem die ganze Natur von einer Krankheit ergriffen wird, gibt es keine

Möglichkeit zur Heilung mehr. Wenn folglich die gesamte Rechtschaffenheit der Seele durch eine Schuld aufgezehrt wäre, gäbe es nun keine Hoffnung mehr, in den Stand der Gnade zurückzukehren. Aber es steht fest, daß diese Hoffnung auf Rückkehr besteht, weil man an niemandem verzweifeln soll, solange er lebt. So scheint es, daß eine gewisse sittliche Rechtschaffenheit zurückbleibt. Aber die Rechtschaffenheit, die uns am meisten anhaftet, ist die natürliche rechte Orientierung des Willens, und das ist der Gewissensgrund. Demnach kann er offensichtlich durch Schuld keinen Schaden nehmen.

Lösung

* Der Gewissensgrund kann durch Sünde an sich nicht beschädigt werden, aber er kann in seinem Herrschaftsbereich gestürzt werden

ICH ANTWORTE: Man muß feststellen, daß der Gewissensgrund nach Auffassung derer, die ihn für nichts anderes als den höchsten Teil des Verstandes halten, in seinem Handeln zur Sünde werden kann. Sie behaupten nämlich, daß jener höhere Teil der Vernunft auf doppelte Weise bewegt werden könne: dadurch, daß er auf Gott orientiert sei und von ewigen Gesetzen beherrscht und geleitet werde, und so gibt es in ihm keine Sünde; oder dadurch, daß er sich den niederen Seelenkräften zuwendet, wodurch er Gelegenheit nimmt abzuweichen und durch Sünde beschädigt werden kann. Diese Lehrer führen als Beispiel die Sünde des Arius[36] an, der über die Dreieinigkeit eine Irrlehre vertreten hat

---

36 Arius lehrte Anfang des 4. Jahrhunderts. Nach seiner Auffassung ist Christus zwar Sohn Gottes und das höchste der Geschöpfe, aber selbst geschaffen und damit nicht wesensgleich mit dem Vater. Diese Lehre wurde auf dem Konzil von Nicäa 325 abgelehnt.

und so mit dem höchsten Teil des Verstandes und im Gewissensgrund abgeirrt ist. Hierzu erklären sie auch, was besagte Glosse über Hes. 1 aussagen will. Diese sagt nämlich erstens, daß der Gewissensgrund »sich den anderen, sündigenden Kräften nicht vermischt«, und sie sagt weiter, daß er »gestürzt wird und seinen Platz räumt«; und beides erklären sie für wahr nach den verschiedenen Erscheinungsformen des höheren Verstandesteiles bzw. des Gewissensgrundes.

Aber da nun der Gewissensgrund aus sich selbst heraus, wie es die Heiligen und die Glossen eindeutig bezeugen, immer die Aufgabe hat, zum Guten anzutreiben und der Sünde zu widerstehen, solange wir leben, deshalb eben lehrten andere es abweichend, nämlich daß *Gewissensgrund* den Willen selbst benennt, insofern er natürlich bewegt werden kann. Und eben weil die Sünde dem Akt des Willens nichts anhaben kann, sobald er Natur ist und natürlich bewegt wird, sondern nur dort, wo er durch freie Entscheidung bewegt wird, leitet sich daraus ab, daß der Gewissensgrund durch Sünde nicht beschädigt werden kann. Da er allerdings zu herrschen und zu leiten hat, kann er auch seinen Herrschaftsbereich einbüßen. Daher kann es geschehen, daß er durch Schuld gestürzt wird. Die Herrschaft über einen Bereich hängt nämlich von zweierlei ab, von der Rechtmäßigkeit des Herrschers und vom Gehorsam des Untergebenen. Und obgleich der Gewissensgrund aus sich selbst heraus immer recht hat, verhält es sich doch so, daß man von ihm sagt, er könne gestürzt werden. Das tut man deshalb, weil Verstand und Wille dennoch häufig von ihm abgehen – der Verstand in der Blindheit eines Irrtums, der Wille durch Verstockung in der Gottlosigkeit. Der Gewissensgrund kann deshalb gestürzt werden, weil seine Wirkung und seine Herrschaft über die anderen erwägenden Seelenkräfte durch deren Widerstand aufgehoben und beseitigt werden. Man nehme einen Soldaten als Beispiel, der, solange es auf ihn ankommt, immer gut auf dem Pferd sitzt; aber wenn das Pferd stürzt, wird er sozusagen gestürzt. So ist es auch im vorliegenden Fall zu verstehen.

Diese Verwendung des Begriffs wird, weil sie einsichtiger ist, von vielen unterstützt. Und deshalb sind auch die Vernunftgründe, die zu diesem Teil angeführt wurden, zu billigen.

1. Zu dem ersten Einwand über die Glosse aber, daß wir sehen, wie der Gewissensgrund gestürzt wird, ist jetzt die Antwort klar. Denn es ist nicht logisch zu folgern, daß er, wenn er gestürzt wird, deshalb von der Sünde beschädigt werden soll, denn sein Sturz wird nicht so sehr auf sein eigenes Wirken bezogen als vielmehr auf das Wirken der anderen Tugenden, denen der Gewissensgrund vorstehen soll.

2. Zu dem Argument, daß die Krankheit des Mißtrauens die Erhabenheit des Geistes entstellt und daß die Seele bis zum Scheitel geschändet wird, ist zu bemerken, daß dort der Gewissensgrund nicht als Scheitel und Höhe des Geistes bezeichnet wird, sondern als höherer Teil des Verstandes. Der höhere Teil des Verstandes aber benennt nicht die Seelenpotenz, insofern sie natürlich, sondern insofern sie durch Erwägung bewegt wird. So kann mit diesem Vermögen Sünde geschehen, vor allem die, die mit dem Wirken eines Verstandes verknüpft ist, der Höheres erfassen will, wie etwa die Sünde des Unglaubens und der Verzweiflung und andere Sünden, die sich direkt gegen theologische Tugenden richten.

3. Daran, daß eingewendet wurde, Schuld und Strafe entstehe aus demselben, ist auszusetzen, daß das im wörtlichen Sinne nicht stimmt, weil

für eine Sünde des Willens stets der ganze Körper büßen muß. Richtig ist allerdings: Wie der Wille zum Sündigen den Grund legt, so wird er auch gründlich bestraft. Deshalb ist der Wurm des Gewissens eher eine Maßregelung des freien Willens als eine des Willens als Natureigenschaft, weil beide einander bekämpfen.

Ob aber der Wille allein der Strafe unterworfen ist oder noch etwas anderes, soll später an gegebener Stelle gezeigt werden.

4. Zu dem Einwand, daß das Gewissen als das dem Gewissensgrund vorausgehende Urteilsvermögen richtig oder falsch ist, also auch der Gewissensgrund, ist zu antworten, daß so nicht geschlossen werden kann, weil das Gewissen nicht nur im allgemeinen besteht, sondern sich vielmehr auch auf die niedere Ebene des einzelnen begibt; sie wird auch nicht nur von einem einfachen Antrieb bewegt, sondern vielmehr auch von einem zusammengesetzten. Das ist auch nicht verwunderlich, weil das Gewissen im Verstand besteht, und Sache dieses Verstandes ist es, das eine vom anderen zu unterscheiden und das eine mit dem anderen zu vergleichen. Und so ist es durchaus möglich, daß das Gewissen insoweit, wie es auf Allgemeinem beruht und einfach bewegt wird, immer richtig ist. Sofern es aber zum einzelnen hinabsteigt und vergleicht, kann es irren, weil es sich mit den Handlungen des erwägenden Verstandes einläßt.

Das kann man sich folgendermaßen vor Augen führen. Das Gewissen der Juden befahl dem ersten, natürlichen Befehl gemäß, daß Gott zu gehorchen sei. Und die Juden nehmen später an, daß Gott jetzt Beschneidung und Unterscheidung der Speisen vorschreibt. Und daraus bildet sich ihr Gewissen im einzelnen, so daß sie sich beschneiden lassen und einige Speisen meiden.

Dieser Irrtum kommt aber nicht aus der ersten Voraussetzung, die gewiß richtig war, sondern leitet sich aus einer Annahme ab, die mit Sicherheit nicht aus dem Gewissen in seiner Eigenschaft als natürliches Urteilsvermögen stammt, sondern vielmehr aus einem irrenden Verstand, der zur freien Entscheidungsgewalt gehört. Der Gewissensgrund aber wird, wie er an sich ist, durch einen einfachen Antrieb bewegt, wenn er sich dem Bösen widersetzt und auf dem Guten beharrt. Ferner wird er nicht gegen dieses oder jenes konkrete Übel bewegt, sondern gegen das Übel im allgemeinen. Wenn der Gewissensgrund auf eine Weise geneigt ist, dies oder jenes Übel abzuweisen, dann weist er es nicht als dieses bestimmte ab, sondern als Übel. So kommt es, daß der Gewissensgrund nicht verbogen werden kann, wenn sich das Gewissen irrt.

Es könnte auch ein anderer Gedanke erwidert werden: Weil *Gewissensgrund* das natürliche Vermögen bezeichnet, wie es von Natur aus verfaßt ist, *Gewissen* aber nicht allein den natürlichen, sondern auch den erworbenen Habitus benennt; weil weiter die Natur ihrem Wesen nach immer richtig bewegt wird, dagegen das Erworbene immer die Bewandtnis der Richtigkeit oder der Abweichung von ihr haben kann: aus diesen Gründen kann das Gewissen richtig oder irrig sein, während der Gewissensgrund gleichzeitig immer bestehenbleibt und dabei immer das Rechte vertritt.

5. Zu dem Einwand, die Gabe der Weisheit betreffe den Gewissensgrund, muß man sagen, daß das falsch ist. Alle Gaben nämlich und alle Tugenden und Seligkeiten betreffen den freien Willen. Daß man aber vom Gewissensgrund sagt, daß er »für uns mit unaussprechlichen Seufzern bittet«, ist deshalb im ursächlichen Sinn zu verstehen, weil

er uns dazu treibt, über die Übel zu seufzen, in denen wir versunken sind.

6. Auf das Bedenken, daß es den mittleren Gütern geschehen könne, daß sie übel genutzt werden, muß man antworten, daß das richtig ist für den Bereich, der durch den Wink der freien Entscheidungsgewalt bewegt wird, nach deren Handlung sich Gebrauch und Mißbrauch wesentlich richtet. Da der Gewissensgrund dagegen ein natürliches Vermögen ist und naturgegeben bewegt wird, untersteht er nicht dem Befehl der freien Entscheidungsgewalt. Und deshalb folgt daraus nicht, daß die freie Entscheidungsgewalt ihn mißbrauchen könne. Außerdem würde, selbst wenn sie ihn mißbrauchen könnte, daraus nicht folgen, daß dadurch in ihm selbst Sünde sein könne. Obwohl nämlich die freie Entscheidungsgewalt das Auge mißbraucht, wenn es schaut, um zu begehren, sagt man trotzdem nicht, daß die Sünde im Auge sei. Denn die Sünde liegt nicht im Mißbrauchten, sondern vielmehr in dem, der Mißbrauch treibt.

16. Frage
Vom Gewissensgrund (*synderesis*)

1. Ist der Gewissensgrund eine Potenz oder ein Habitus?
2. Kann der Gewissensgrund sündigen?
3. Wird der Gewissensgrund in manchen Menschen ausgelöscht?

Erster Artikel
DIE FRAGE HANDELT VOM GEWISSENSGRUND, UND ZUERST WIRD GEFRAGT, OB DER GEWISSENSGRUND EINE POTENZ ODER EIN HABITUS IST.

ES SCHEINT, ALS SEI ER EINE POTENZ.
1. Dasjenige Seiende nämlich, das unter dieselbe begriffliche Einteilung fällt, ist von derselben Gattung. Doch wird in der Glosse des Hieronymus über Hes. 1,9 der Gewissensgrund vom verständigen, zürnenden und begehrenden Vermögen unterschieden. Da das zürnende, das begehrende und das verständige Vermögen Seelenpotenzen sind, ist auch der Gewissensgrund eine Potenz.

111

2. Jemand hat behauptet,[37] daß der Gewissensgrund nicht absolut eine Potenz bezeichnet, sondern eine Potenz mit einem Habitus. Dagegen
spricht nun: Ein Zugrundeliegendes (*subiectum*)
mit einem Akzidens wird nicht dem Zugrundeliegenden, absolut genommen, gegenübergestellt. Eine Einteilung, nach der man unter die
Lebewesen auf der einen Seite den Menschen,
auf der anderen den weißen Menschen rechnete,
wäre nämlich nicht zufriedenstellend. Da sich
der Habitus zur Potenz wie das Akzidens zu seinem Träger (*subiectum*) verhält, scheint es folglich, als könne das, was eine Potenz allein
bezeichnet – die des Zorns, des Begehrens und
des Verstandes –, nicht in einer Einteilung dem-
jenigen gegenübergestellt werden, das eine Potenz mit einem Habitus bezeichnet.

3. Zudem besitzt ein Vermögen verschiedene Habitus. Wenn aber ein Vermögen vom anderen
auf Grund seines Habitus unterschieden würde,
müßte die Einteilung, durch die die Teile der
Seele voneinander abgegrenzt werden, ebenso-
viele Glieder haben, wie es Habitus von Potenzen gibt.

4. Zudem kann ein und dasselbe nicht regeln und
geregelt werden. Aber eine Potenz wird durch
den Habitus geregelt. Folglich können Potenzen
und Habitus nicht in eines zusammenfallen, so
daß eine Bezeichnung gleichzeitig für die Potenz und den Habitus stünde.

5. Außerdem wird nicht dem Habitus etwas eingeschrieben, sondern allein der Potenz. Von den
Prinzipien des Naturrechts aber sagt man, daß

---

37 Tonneau (Saint Thomas d'Aquin, Questions disputées sur la
vérité, questions XV–XVII, Texte, traduction et notes par J.
Tonneau, Paris 1991) deutet die Stelle S. 129 Anm. 3 auf Phi-
lipp den Kanzler.

sie dem Gewissensgrund eingeschrieben sind. Folglich bezeichnet der Gewissensgrund eine Potenz rein (*absolute*).

6. Außerdem kann aus zweien nicht eins werden, es sei denn, eins von beiden würde verwandelt. Aber jener natürliche Habitus, den nach allgemeiner Auffassung das Nomen *Gewissensgrund* bezeichnet, verwandelt sich nicht, denn es entspricht dem Natürlichen fortzubestehen; und wiederum ist es so, daß sich die Seelenpotenzen nicht verwandeln. Demnach kann aus dem natürlichen Habitus und der natürlichen Potenz nicht eins werden, so daß man beide mit einem Wort bezeichnen dürfte.

7. Außerdem bildet den direkten Gegensatz zum Gewissensgrund die Sinnlichkeit, denn wie die Sinnlichkeit immer zum Bösen neigt, so neigt der Gewissensgrund immer zum Guten. Aber die Sinnlichkeit ist eine Potenz schlechthin, ohne Habitus; also bezeichnet auch der Gewissensgrund die Potenz rein.

8. Weiter sagt Aristoteles im 4. Buch der Metaphysik [Kap. 7]: Der Begriff, den das Wort bezeichnet, ist eine Definition. Was also nicht in dem Maße eines ist, daß es unter eine Definition fällt, kann nicht mit einem Wort (*nomen*) bezeichnet werden; aber eine Verknüpfung von Trägersubstanz (*subiectum*) und Akzidens wie die, die ich »weißer Mensch« nenne, kann nicht definiert werden, wie im 7. Buch der Metaphysik [Kap. 4] bewiesen wird, und ebensowenig auch eine Verknüpfung von Potenz und Habitus. Also kann man die Potenz zusammen mit dem Habitus nicht mit einem Wort bezeichnen.

9. Zudem bezeichnet »höherer Verstand« die Seelenpotenz rein. Aber allem Anschein nach sind Gewissensgrund und »höherer Verstand« dasselbe. Denn wie Augustinus im Buch »Über den

freien Willen« [II,10] sagt, gibt es in der natürlichen Urteilskraft, die wir Gewissensgrund nennen, Regeln und Lichter der Tugenden, die so wahr wie unveränderlich sind. Den unveränderlichen Dingen anzuhängen ist aber nach dem 12. Buch des Augustinus »Über die Trinität« Sache des höheren Verstandes. Also ist der Gewissensgrund ein Vermögen schlechthin.

10. Außerdem ist nach Aristoteles im 2. Buch der Ethik alles, was in der Seele ist, entweder Vermögen oder Habitus oder Erleiden. Deshalb ist entweder die Einteilung des Aristoteles unzureichend, oder es gibt in der Seele nichts, das zugleich Potenz und Habitus wäre.

11. Weiter: Konträr Entgegengesetztes (*contraria*) kann es nicht in demselben Seienden geben. Aber uns ist ein Sündentrieb angeboren, der immer zum Bösen verleitet. Also kann es in uns keinen Habitus geben, der immer zum Guten geneigt macht. So ist also der Gewissensgrund, der uns immer dem Guten zuneigt, kein Habitus, auch kein Habitus mit seinem Vermögen zusammen, sondern Vermögen schlechthin.

12. Zudem reichen zum Handeln ein Vermögen und ein Habitus aus. Wenn also der Gewissensgrund ein Vermögen mit eingeborenem Habitus wäre, wäre der Mensch aus rein natürlichem Antrieb in der Lage, gut zu handeln, denn der Gewissensgrund richtet auf das Gute aus. Das ist aber ganz offensichtlich die Ketzerei des Pelagius.[38]

13. Außerdem wäre der Gewissensgrund, wenn er

---

38 Pelagius war ein Zeitgenosse und theoretischer Gegner des späten Augustinus. In seiner Lehre gab es keine Erbsünde. Die menschliche Natur ist nach Pelagius so ausgestattet, daß jeder Mensch durch eigene sittliche Anstrengungen die ewige Seligkeit erwerben kann. Diese Auffassung war historisch der unterlegen, die von einer nachhaltigen Schädigung der menschlichen Natur durch den Sündenfall ausging. Pe-

eine Potenz mit zugehörigem Habitus wäre, kein passives Vermögen, sondern ein aktives, weil er selbst eine Handlung ausführt. Wie nämlich das passive Vermögen im Stoff gegründet ist, so gründet sich das aktive in der Form. In der menschlichen Seele gibt es aber eine doppelte Form: eine, in der sie mit den Engeln übereinstimmt, insoweit sie Geist (*spiritus*) ist, das ist die höhere; und eine andere, niedere, durch die sie den Körper mit Leben erfüllt, insoweit sie seine Seele ist. Der Gewissensgrund muß also auf der höheren oder der niederen Form aufbauen. Wenn auf der höheren, so ist er der höhere Verstand; wenn auf der niederen, so ist er der niedere Verstand. Aber sowohl der höhere als auch der niedere Verstand benennen ein Vermögen rein. Also ist der Gewissensgrund ein Vermögen im reinen Sinne.

14. Weiter: Wenn *Gewissensgrund* eine Potenz mit zugehörigem Habitus bezeichnet, ist dies nur mit einem angeborenen Habitus möglich. Denn wenn der Habitus erworben oder eingegeben wäre, könnte man den Gewissensgrund verlieren. Aber *Gewissensgrund* bezeichnet keinen angeborenen Habitus, folglich vielmehr die Potenz im absoluten Sinne. Beweis des Mittelgliedes in diesem Schluß: Jeder Habitus, der einen Akt in der irdischen Zeit zugrundelegt, ist nicht angeboren. Aber der Gewissensgrund legt ein Handeln in der Zeit zugrunde, denn er ist der Widerstand gegen das Böse und der Ansporn zum Guten. Das wäre nicht möglich, wenn nicht zuvor in einem eigenen Akt erkannt wäre, was gut und was böse ist. Also setzt der Gewissensgrund ein zeitliches Handeln voraus.

---

lagius ist auf mehreren Synoden und Konzilien Anfang des 5. Jahrhunderts verurteilt worden.

15. Zudem scheint die Aufgabe des Gewissensgrundes im Urteilen zu bestehen. Deshalb wird er auch »natürliche Urteilskraft« genannt. Aber die freie Entscheidungsgewalt hat ihren Namen vom Urteilen her. Also ist der Gewissensgrund dasselbe wie die freie Entscheidungsgewalt. Aber die freie Entscheidungsgewalt ist ein Vermögen schlechthin. Folglich auch der Gewissensgrund.

16. Außerdem würde der Gewissensgrund, wenn er eine Potenz mit zugehörigem Habitus wäre, gleichsam aus beidem zusammengesetzt sein. Er wäre es aber nicht im Sinne einer logischen Zusammensetzung, in der sich der Artbegriff (*species*) aus dem Gattungsbegriff (*ex genere*) und dem artbildenden Unterschied (*ex differentia*) bildet, denn die Potenz verhält sich zum Habitus nicht wie die Gattung zur artbildenden Differenz, sonst würde nämlich jeder Habitus, der einer Potenz hinzugefügt würde, eine eigene Potenz begründen. Folglich ist die Zusammensetzung eine natürliche. Aber in einer natürlichen Zusammensetzung ist das Zusammengesetzte von den Bestandteilen verschieden, wie im 7. Buch der Metaphysik [Kap. 17] bewiesen wird. Also ist der Gewissensgrund weder Potenz noch Habitus, sondern etwas von beiden Verschiedenes, und das kann nicht sein. Es bleibt nur übrig, daß er ein Vermögen schlechthin ist.

FOLGENDE ARGUMENTE SPRECHEN DAGEGEN:

1. Wenn der Gewissensgrund ein Vermögen wäre, müßte man ihn als rationales Vermögen auffassen. Aber die rationalen Vermögen verhalten sich in der einen und der gegenteiligen Weise. Also wird sich auch der Gewissensgrund auf gegen-

sätzliche Weise verhalten. Das ist offenbar falsch, weil er immer zum Guten, aber niemals zum Bösen anregt.

2. Weiter: Falls der Gewissensgrund ein Vermögen ist, ist er entweder ein mit dem Verstand verknüpftes Vermögen oder aber ein anderes. Nun ist er aber nicht mit dem Verstand verknüpft, weil er in der oben angeführten Glosse des Hieronymus über Hes. 1 begrifflich vom Verstand unterschieden wird. Man kann aber auch nicht sagen, daß er ein anderes Vermögen sei als der Verstand: Ein spezielles Vermögen erfordert nämlich eine spezielle Handlung. Aber dem Gewissensgrund kann keine Handlung zugeschrieben werden, die der Verstand nicht ausführen könnte. Denn auch der Verstand selbst regt zum Guten an und widersetzt sich dem Bösen. Folglich ist der Gewissensgrund auf keinen Fall ein Vermögen.

3. Zudem wendet uns der Sündentrieb immer zum Bösen um, der Gewissensgrund richtet uns immer zum Guten aus. Also stehen sich diese beiden direkt gegenüber. Aber der Sündentrieb ist ein Habitus, zumindest verhält er sich wie ein Habitus. Die Begierde, die in Kindern habituell auftritt, in Erwachsenen nach Augustinus aber handlungsspezifisch, wird selbst als Sündentrieb bezeichnet. Also ist auch der Gewissensgrund ein Habitus.

4. Weiter: Wenn der Gewissensgrund ein Vermögen ist, ist er entweder ein erkennendes oder ein bewegendes Vermögen. Es steht aber fest, daß er kein rein erkennendes Vermögen ist, und zwar deshalb, weil gerade sein Handeln darin besteht, zum Guten geneigt zu machen und sich dem Bösen zu widersetzen. Wenn er ein Vermögen wäre, dann wäre er ein bewegendes. Das ist aber offensichtlich falsch, denn die bewegenden Vermögen sind in zornfähiges, begehrendes und verständi-

ges hinreichend eingeteilt, und der Gewissensgrund wird begrifflich von ihnen unterschieden, wie oben (im ersten Argument) gesagt wurde. Folglich ist der Gewissensgrund auf keinen Fall ein Vermögen.

5. Zudem verhält es sich so: Wie im handlungssteuernden Teil der Seele der Gewissensgrund niemals irrt, so unterliegt im spekulativen Teil die Einsicht in die ersten Prinzipien niemals dem Irrtum. Aber die Einsicht in die Prinzipien ist ein besonderer Habitus, wie aus dem 6. Buch der Ethik des Aristoteles [6] folgt. Also ist auch der Gewissensgrund ein Habitus.

ANTWORT: Man muß einräumen, daß sich zu dieser Frage verschiedene Auffassungen finden.

EINIGE sagen nämlich, daß *Gewissensgrund* absolut ein Vermögen bezeichnet, und zwar ein anderes als den Verstand, ein höheres als diesen.

ANDERE sagen aber, daß der Gewissensgrund, rein aufgefaßt, allerdings ein Vermögen sei, daß er jedoch sachlich mit dem Verstand übereinstimme. Im Denken allerdings seien es zwei verschiedene Vermögen. Denn der Verstand wird als Verstand gedacht, nämlich insofern er analytisch versteht und vergleicht, und so bezeichnet man ihn als Verstandeskraft. Er wird aber auch als Natur gedacht, nämlich insofern er etwas auf natürliche Weise erkennt, und so heißt er *Gewissensgrund*.

WIEDER ANDERE behaupten dagegen, *Gewissensgrund* bezeichne das rationale Vermögen selbst, gekoppelt mit einem natürlichen Habitus.

WAS ABER DER WAHRHEIT NÄHER KOMMT, kann man folgendermaßen sehen:

Wie nämlich Dionysius im 7. Kapitel des Buches »Über die göttlichen Namen« sagt, vereinigt die göttliche Weisheit die Enden der ersten Dinge mit den Grundlagen der abgeleiteten. Die geordneten

Naturen verhalten sich nämlich zueinander wie einander berührende Körper, deren unten gelegener in seinem höchsten Punkt den oben gelegenen in seinem tiefsten Punkt berührt. Daher rührt auch die niedere Natur in ihrem Erhabensten an etwas, das der höheren Natur eigen ist, wobei sie daran unvollkommen teilhat.

Die Natur der menschlichen Seele ist aber der der Engel unterlegen, wenn wir die natürliche Erkenntnisweise beider in Rechnung stellen. Denn die natürliche Erkenntnisweise der Engel, und also die, die ihrer Natur eigen ist, liegt darin, daß der Engel die Wahrheit ohne Nachforschung und Auseinandersetzung erkennt. Der menschlichen Natur ist jedoch eigen, daß sie zur Erkenntnis der Wahrheit kommt, indem sie nachforscht und sich auseinandersetzt.

So geschieht es, daß die menschliche Seele mit Rücksicht auf ihr Höchstes etwas von dem erreicht, was der Natur der Engel eigentümlich ist: Von manchem erlangt sie nämlich Kenntnis ohne Zeitaufwand und ohne Nachforschung, obwohl sie sich auch insofern dem Engel gegenüber als das Niedere erweisen muß, als sie auch hierin die Wahrheit nicht erkennen kann, wenn die Sinne nicht vermitteln.

In der Natur der Engel findet sich aber zweifache Erkenntnis: die spekulative, mit deren Hilfe die Wahrheit der Dinge einfach und absolut geschaut wird, und die praktische; und zwar sowohl nach Ansicht der Philosophen – sie lehren, die Engel seien die Beweger der Welt (*motores orbium*) und in ihrem ideellen Entwurf würden sämtliche natürliche Formen präexistieren – als auch nach Ansicht der Theologen. Sie nehmen ihrerseits an, die Engel stehen Gott zu geistlichen Diensten, nach denen die Engelhierarchien unterschieden werden.

Daher muß es auch in der menschlichen Natur, insofern sie die der Engel berührt, Erkenntnis der Wahrheit ohne jede Nachforschung sowohl in spekulativen als auch in praktischen Dingen geben. Diese Erkenntnis muß die Grundlage (*principium*) jeder folgenden Erkenntnis sein, für die spekulative wie für die praktische Vernunft, weil man von Grundlagen erwartet, daß sie sicherer und fester sind [als die Ableitungen daraus]. Und so wohnt eine solche Erkenntnis dem Menschen von Natur aus inne, denn diese Erkenntnis ist gleichsam die Keimform aller sich logisch daraus ergebenden Einzelerkenntnisse, und in jeder Natur gibt es zu den abgeleiteten Handlungen und Wirkungen natürliche Samen, die ihrer Existenz vorausgehen. Diese Erkenntnis muß aber habituell sein, damit sie zur Hand ist, wenn ihre Anwendung nötig ist.

Wie aber die menschliche Seele einen natürlichen Habitus besitzt, durch den sie die Grundsätze der spekulativen Wissenschaften erkennt – wir nennen ihn Grundsatzwissen (*intellectus principiorum*) –, so gibt es in der Seele auch einen natürlichen Habitus für die ersten Prinzipien des Handelns; das sind die Prinzipien des Naturrechts. Dieser Habitus gehört zum Gewissensgrund. Der Habitus existiert aber in keiner anderen Seelenpotenz als dem Verstand, es sei denn, wir fassen die Vernunft als ein vom Verstand verschiedenes Vermögen auf. Aber das Gegenteil ist oben [quaest. 15 art. 1] gesagt worden.

Es bleibt also, daß jener Name *Gewissensgrund* entweder im reinen Sinne einen natürlichen Habitus bezeichnet, der dem Habitus der Grundsätze ähnelt, oder er benennt das Vermögen des Verstandes selbst, gekoppelt mit einem solchen Habitus. Beide Möglichkeiten sind nicht sehr verschieden voneinander. Die Wahl einer der beiden stellt also nur ein Problem der Wortbedeutung.

Da aber das Vermögen des Verstandes, insofern es

naturgegeben erkennt, Gewissensgrund genannt wird, kann es nicht ohne jeden Habitus existieren, denn natürliche Erkenntnis besitzt der Verstand entsprechend einem natürlichen Habitus, wie sich am Grundlagenverständnis zeigt.

ZUM ERSTEN ARGUMENT ist nun zu sagen, daß verschiedenes in einunddieselbe begriffliche Unterteilung eingehen kann, weil es in einem Gemeinsamen übereinstimmt, was auch dieses Gemeinsame sei – die Gattung (*genus*) oder ein Akzidens. In jener viergliedrigen Einteilung, in der der Gewissensgrund den drei Seelenpotenzen gegenübergestellt wird, unterscheiden sich die Glieder der Einteilung nicht auf der Grundlage ihrer Gemeinsamkeit, eine Seelenpotenz zu sein, sondern vielmehr auf der Grundlage ihrer Gemeinsamkeit, jeweils ein bewegendes Prinzip (*principium motivum*) zu sein. Daher ergibt sich nicht, daß der Gewissensgrund eine Potenz sei, sondern vielmehr, daß er ein bewegendes Prinzip ist.

ZUM ZWEITEN ARGUMENT ist zu sagen, daß bisweilen aus dem Akzidens auf den Träger (*subiectum*) ein Besonderes übergeht, darüber hinaus, was dem Träger seiner Natur nach entspricht. Dann ist es zulässig, in einer begrifflichen Unterscheidung das Akzidens dem Träger oder den Träger mit dem Akzidens dem Trägerbegriff im reinen Sinne gegenüberzustellen. So könnte ich eine farbige Oberfläche der Oberfläche schlechthin gegenüberstellen. Wenn man nämlich die reine Oberfläche denkt, ist sie etwas Mathematisches; dadurch aber, daß man sie als farbig bezeichnet, wird sie in die Gattung »Natürliches« übernommen.

So verhält es sich auch mit dem Verstand. Er bezeichnet das Erkennen auf menschliche Weise; aber durch den natürlichen Habitus wechselt er in den Bezugsrahmen einer anderen Gattung, wie sich aus dem Hauptstück des Artikels ergibt. Deshalb spricht weder etwas dagegen, den Habitus in einer Einteilung, die nach dem bewegenden Prinzip vorgenommen wird, gegen die Potenz zu stellen; noch dagegen, die habituell verfaßte Potenz der Potenz im reinen Sinne gegenüberzustellen.

ZUM DRITTEN ARGUMENT ist zu bemerken, daß die anderen Habitus, die dem Verstandesvermögen innewohnen, auf eben die Weise motivieren, die dem Verstand als Verstand eignet. Deswegen können diese Habitus gegenüber dem Verstand nicht abgegrenzt werden; so auch nicht der natürliche Habitus, nach dem man den Begriff des Gewissensgrundes bildet.

ZUM VIERTEN ARGUMENT ist zu sagen, daß *Gewissensgrund* nach allgemeiner Auffassung eine Potenz und einen Habitus nicht so bezeichnet, als wären Potenz und Habitus einunddasselbe, sondern daß die Potenz erst mit dem Habitus, dem sie unterworfen ist, zusammen durch einen Namen bezeichnet wird.

ZUM FÜNFTEN ARGUMENT ist zu sagen: Man versteht auf zweierlei Weise, daß etwas in ein anderes eingeschrieben sei. Einmal so, daß es im substantiell Zugrundeliegenden (*in subiecto*) geschrieben steht; und so kann der Seele nichts eingeschrieben sein, es sei denn, es hat mit einer Seelenpotenz zu tun. Oder so, daß etwas gleichsam einem [auch Akzidentien] Umfassenden eingeschrieben ist; und dann steht nichts dagegen, daß es einem Habitus eingeschrieben ist, so wie wir sagen, daß einzelnes, was zur Geometrie gehört, der Geometrie selbst eingeschrieben sei.

BEIM SECHSTEN ARGUMENT muß man zugeben: Es greift, wenn etwas aus zwei Bestandteilen durch Mischung zu einem einzigen wird. Aber das Eine aus Potenz und Habitus entsteht nicht auf diese Weise, sondern aus Akzidens und Träger.

ZUM SIEBENTEN ARGUMENT ist zu sagen: Daß die Sinnlichkeit immer zum Bösen verführt, kommt von ihrer Verderbnis durch den Sündentrieb. Diese Verderbnis wohnt ihr als Habitus inne. Und so muß auch der Gewissensgrund aus einem bestimmten Habitus der Natur heraus immer zum Guten anleiten.[14]

ZUM ACHTEN ARGUMENT ist zu sagen, daß »der weiße Mensch« nicht durch eine eigentliche Definition bestimmt werden kann. Die Definition im eigentlichen Sinn ist eine Bestimmung der Substanz und bezeichnet das Eine, wie es durch sich selbst ist (*unum per se*). Man kann »der weiße Mensch« aber sehr wohl in einer Bestimmung des So-Seins (*definitio secundum quid*) abgrenzen, insofern es aus Akzidens und Trägersubstanz (*subiectum*) im Sosein zu einem wird (*unum secundum quid*). Und eine solche Einheit reicht dazu aus, daß darauf ein Name angewandt werden kann. Deshalb sagt Aristoteles dort [Metaph. VII,4] weiter, daß die Trägersubstanz mit dem Akzidens zusammen durch einen gemeinsamen Namen bezeichnet werden kann.

ZUM NEUNTEN ARGUMENT muß man sagen, daß *Gewissensgrund* weder den höheren noch den niederen Verstand benennt, sondern sich zu beiden gleich verhält. In dem Habitus der allgemeinen Prinzipien des Rechts sind einige enthalten, die sich auf ewiggültige Überzeugungen beziehen, zum Beispiel, daß man Gott gehorchen muß. Es sind aber auch einige enthalten, die sich auf niedere Überzeugungen beziehen, zum Beispiel, daß man verständig leben solle.

Einerseits sagt man vom Gewissensgrund, er be-

---

39 Thomas verwendet *synderesis* (Gewissensgrund) hier in dem Sinn, den er oben im Corpus articuli (Antwort:…) als den zweiten bezeichnet hat: *Synderesis* ist eine Potenz mit zugehörigem Habitus.

schäftige sich mit Unveränderlichem, andererseits, er sei höherer Verstand.

Ein Seiendes wird nämlich unveränderlich genannt, weil seine Natur unveränderlich ist. Derart unveränderlich ist das Göttliche, und in diesem Sinn sagt man vom höheren Verstand, er hänge dem Unveränderlichen an.

Unveränderlich wird aber auch etwas genannt, wenn die Wahrheit es zwingend erfordert, obgleich es sich auf Dinge bezieht, die ihrer Natur nach veränderlich sind. So ist die Wahrheit »Jedes Ganze ist größer als sein Teil« auch im Bereich der veränderlichen Dinge unveränderlich. Und in diesem Sinne sagt man vom Gewissensgrund, er hänge dem Unveränderlichen an.

ZUM 10. ARGUMENT ist zu sagen: Obwohl alles, was in der Seele ist, nur Habitus oder nur Potenz oder nur Erleiden ist, ist doch nicht alles, was als *in der Seele* bezeichnet wird, nur eines dieser drei: Was nämlich der Sache nach unterschieden ist, kann der Intellekt verbinden und mit einem Namen bezeichnen.

ZUM 11. ARGUMENT ist auszuführen, daß jener eingeborene Habitus, der zum Bösen verführt, zum niederen Teil der Seele gehört, durch den sie mit dem Körper verbunden ist. Der Habitus dagegen, der naturgegeben zum Guten neigt, gehört zum höheren Teil der Seele. Deshalb gehören diese beiden konträr gegensätzlichen Habitus nicht etwa aufgrund ihrer Gemeinsamkeit zu einer Gattung.

ZUM 12. ARGUMENT ist zu bemerken, daß ein Habitus mit dem Vermögen gemeinsam zu der Tätigkeit ausreicht, für die dieser Habitus zuständig ist. Die Tätigkeit desjenigen natürlichen Habitus aber, der Gewissensgrund genannt wird, besteht darin, dem Bösen zu widerstehen und zum Guten geneigt zu machen. Und deshalb ist der Mensch zu dieser Tätigkeit von Natur aus in der Lage. Daraus folgt aber nicht, daß der Mensch aus rein natürlichen Anlagen dazu kommen kann, verdienstliche Werke zu tun. Denn dies allein einer natürlichen Fähigkeit zuzurechnen gehört zur pelagianischen Ketzerei.

ZUM 13. ARGUMENT ist zu sagen: Der Gewissensgrund scheint, insofern er ein Vermögen bezeichnet, eher ein passives als ein aktives Vermögen zu benennen. Das aktive Vermögen unterscheidet sich nämlich vom passiven nicht darin, daß ihm ein Wirken (*operatio*) zugehört, denn dann wäre jede Seelenpotenz ein aktives Vermögen, weil jedem Vermögen der Seele, einem aktiven wie einem passiven, irgendein Wirken zukommt.

Man versteht aber die Unterscheidung aktiv – passiv, indem man jedes Vermögen zu seinem Objekt ins Verhältnis setzt. Wenn sich nämlich das Objekt zum Vermögen so verhält, daß es passiv bleibt und sich dabei verändert, dann wird die Potenz mit Sicherheit ein aktives Vermögen sein. Wenn sich aber umgekehrt das Objekt zum Vermögen so verhalten sollte, daß es handelt und dabei eine Bewegung verursacht, dann ist die Potenz ein passives Vermögen. Deshalb sind alle Vermögen der belebenden Seele (*anima vegetabilis*) aktive Vermögen, weil die Nahrung durch die Seelenpotenz verwandelt wird, im Nähren wie im Wachstum und wie auch in der Zeugung. Aber die sinnlichen Vermögen sind sämtlich passiv, weil sie durch sinnlich wahrnehmbare Objekte bewegt werden und durch deren Handeln erst entstehen.

Was aber den Intellekt angeht, so ist hier die eine Potenz aktiv, die andere passiv; dergestalt, daß durch den Intellekt das der Möglichkeit nach Erkennbare (*intelligibile in potentia*) wirklich erkennbar wird (*intelligibile actu*). Das ist Sache des tätigen Intellekts (*intellectus agens*); und deshalb ist der tätige Intellekt ein aktives Vermögen. Außerdem macht das konkret Erkennbare (*intelligibile in actu*) den Intellekt im Möglichkeitsstand (*intellectus in potentia*) zum handelnden Intellekt; und deshalb ist der empfangende Intellekt (*intellectus possibilis*) ein passives Vermögen. Das stellt sich aber nicht so dar, daß der tätige Intellekt Träger (*subiectum*) der Habitus sei; dies trifft eher auf den empfangenden Intellekt zu. Deshalb scheint die Potenz, die einem natürlichen Habitus unterworfen ist, eher ein passives Vermögen zu sein als ein aktives.

Setzt man dagegen den Fall, das Vermögen wäre ein aktives, geht das weitere Folgern fehl, denn in der Seele sind nicht zwei Formen, sondern es ist nur eine. Die Form der Seele ist ihr Wesen, denn nach ihrem Wesen ist sie Geist (*spiritus*), und durch ihr Wesen ist sie die Form des Körpers, nicht durch etwas Zusätzliches. Deshalb gründen sich höherer und niederer Verstand nicht auf zwei Formen, sondern auf das einzige Wesen der Seele. Auch ist es nicht wahr, daß sich der niedere Verstand im Wesen der Seele gerade der Anlage nach gründe, nach der sie die Form des Körpers ist. Auf diese Art gründen sich auf das Wesen der Seele nämlich nur die Vermögen, die an Organe gebunden sind; und dazu gehört der niedere Verstand nicht.

Gesetzt weiter, dasjenige Vermögen, das Gewissensgrund genannt wird, sei dasselbe wie der höhere oder wie der niedere Verstand: Dann spricht nichts dagegen, dieses Vermögen im absoluten Sinn mit dem Wort *Verstand* zu bezeichnen, dasselbe Vermögen zusammen mit dem Habitus, der ihm anhaftet, aber mit dem Wort *Gewissensgrund* zu benennen.

ZUM 14. ARGUMENT ist zu sagen, daß der Akt des Erkennens nicht dem Vermögen oder dem Habitus Gewissensgrund immer schon vorausgeht, sondern der konkreten Tätigkeit des Gewissensgrundes. Deshalb ist dadurch nicht ausgeschlossen, daß der Habitus des Gewissensgrundes angeboren sei.

IM 15. ARGUMENT ist folgendes zu unterscheiden. Es gibt das Urteil (*iudicium*) in zweifacher Hinsicht: Das allgemeine Urteil, und dieses gehört zum Gewissensgrund; und das besondere, handlungsbezogene Urteil. Es ist eine Entscheidung durch Wahl und gehört zur freien Entscheidungsgewalt. Man kann daher nicht folgern, daß sie dasselbe seien.

ZUM 16. ARGUMENT ist zu sagen, daß Physik wie Natur vielfache Zusammensetzungen kennen. Es gibt nämlich eine Zusammensetzung des aus Elementen Vermischten. Und bei dieser Zusammensetzung – sagt Aristoteles – muß die Form des Gemischten von den Elementen gänzlich verschieden sein. Außerdem gibt es auch eine Zusammensetzung von Wesensform (*forma substantialis*) und Stoff (*materia*), aus der ein Drittes hervorgeht, nämlich die Form der Art (*forma speciei*). Die freilich ist nichts gänzlich vom Stoff und der Form Verschiedenes, verhält sich aber zu ihnen wie das Ganze zu den Teilen. Es gibt auch eine Zusammensetzung aus Trägersubstanz (*subiectum*) und Akzidens, bei der aus beidem kein Drittes hervorgeht. Eine solche Zusammensetzung ist die von Potenz und Habitus.

Zweiter Artikel
ZWEITENS WIRD UNTERSUCHT,
OB DER GEWISSENSGRUND SÜNDIGEN
KÖNNE
UND ES SCHEINT DURCHAUS SO.

1. weil es in der Glosse des Hieronymus über Hes. 1,9, nachdem der Gewissensgrund erwähnt wurde, heißt: »Wir sehen, wie er bisweilen gestürzt wird.« Aber beim Handeln zu fallen, ist nichts anderes als Sünde. Folglich kann der Gewissensgrund sündigen.

2. Weiter: Das Sündigen darf im eigentlichen Sinn weder dem Habitus noch der Potenz zugeschrieben werden, sondern der Mensch ist es, der sündigt, weil die Handlungen ins Reich des Einzelnen gehören. Trotzdem spricht man aber davon, daß ein Habitus oder eine Potenz sündigt, insofern der Mensch durch das Wirken des Habitus oder des Vermögens zur Sünde verführt wird. Doch bisweilen wird der Mensch durch die Tätigkeit des Gewissensgrundes zur Sünde verführt: Denn es heißt Joh. 16,2: »Es kommt die Stunde, da jeder, der euch tötet, meint, Gott einen Dienst zu tun«. So waren einige wegen ihrer Meinung geneigt, die Apostel zu erschlagen. Ihre Meinung kam aber daher, daß ihr Ermessen ihnen sagte, man müsse Gott gehorchen; und dieses Ermessen fällt mit Sicherheit in die Zuständigkeit des Gewissensgrundes. Also sündigt der Gewissensgrund.

3. Außerdem heißt es Jer. 2,16: »Die Söhne von Memphis und Taphnes schändeten dich bis zum Scheitel«. Der Scheitel ist aber der höhere Teil der Seele, wie die Glosse [Augustinus De Trinitate lib. XII cap. 12] über die Stelle Ps. 7,17 »Auf seinen eigenen Scheitel falle zurück seine Schuld« sagt. Also gehört der Scheitel zum Gewissensgrund, der das Höchste in der Seele ist. Demnach kommt von bösen Geistern her (a daemonibus) Sünde und Schande über den Gewissensgrund.

4. Zudem verhält sich das Verstandesvermögen nach Aristoteles stets auf die eine und die gegenteilige Weise. Aber der Gewissensgrund ist ein Verstandesvermögen. Dieses Verstandesvermögen verhält sich also in gegensätzlicher Weise. Also kann der Gewissensgrund Gutes tun und sündigen.

5. Außerdem sind [nach Aristoteles, Met. X,7] Gegensätze (contraria) dazu bestimmt, an demsel-

ben zu wirken. Aber Tugend und Sünde sind Gegensätze. Weil nun im Gewissensgrund das Wirken der Tugend ist, denn er regt ja zum Guten an, wird in ihm auch das Wirken der Sünde sein.

6. Weiter: Wie sich der Habitus des Grundsatzwissens (*intellectus principiorum*) im spekulativen Denken verhält, so verhält sich der Gewissensgrund im handlungsbezogenen. Aber jedes Wirken des spekulativen Verstandes leitet sich aus ersten Grundlagen ab. Folglich nimmt auch jedes Wirken des praktischen Verstandes seinen Anfang im Gewissensgrund. Deshalb sollte dem Gewissensgrund ebenso, wie ihm das tugendhafte Wirken des praktischen Verstandes zugeschrieben wird, auch das sündhafte Wirken des Verstandes zugeschrieben werden.

7. Des weiteren: Strafe (*poena*) ist die Erwiderung auf Sünde (*culpa*). Aber in den Verdammten wird die ganze Seele bestraft, einschließlich des Gewissensgrundes. Also sündigt auch er.

DAGEGEN SPRICHT:

1. Das Gute kann in höherem Maße als das Böse rein sein, denn es gibt ein Gutes, dem nichts Böses beigemischt ist. Aber nichts Böses ist so böse, daß ihm nicht eine Spur Gutes beigemischt wäre. Aber in uns ist etwas, das immer zum Bösen verführt, nämlich der Sündentrieb. Also wird es auch etwas geben, das immer zum Guten führt. Das scheint aber nichts anderes zu sein als der Gewissensgrund. Und so sündigt der Gewissensgrund nie.

2. Weiter: Was einem Seienden natürlich innewohnt, ist in ihm immer anwesend. Aber dem Gewissensgrund ist natürlich eigen, daß er dem Bösen widerspricht. Also willigt er nie in das Böse ein; folglich sündigt er nicht.

ANTWORT: Man muß davon ausgehen, daß die Natur in allen ihren Werken auf das Gute aus ist und auf die Erhaltung dessen, was aus dem Wirken der Natur hervorgeht. Deshalb sind in allen Werken der Natur immer bleibende und unveränderliche Prinzipien enthalten, die das Richtige bewahren; denn Prinzipien müssen Bestand haben, wie Aristoteles im ersten Buch der »Physik« sagt. Es könnte keine Sicherheit und keine Gewißheit in dem geben, was aus den Prinzipien abgeleitet ist, wenn die Prinzipien nicht feststünden.

So kommt es, daß alles Veränderliche auf ein unbewegtes Erstes zurückgeführt werden kann. Aus demselben Grund leitet sich alle besondere Erkenntnis von einer völlig sicheren Erkenntnis ab, über die kein Irrtum bestehen kann. Das ist die Erkenntnis der ersten allgemeinen Prinzipien, an der alle jene Einzelerkenntnisse geprüft werden, durch die alles Wahre bestätigt und alles Falsche widerlegt wird. Wenn in ihr irgendein Irrtum geschehen könnte, ergäbe sich in der gesamten abgeleiteten Erkenntnis keine Gewißheit.

Deshalb muß es im menschlichen Handeln, damit es in ihm überhaupt ein Rechtes geben kann, ein bleibendes Prinzip geben, das unveränderliche Richtigkeit hat. An ihm wird jedes Handeln in der Weise geprüft, daß dieses bleibende Prinzip sich jedem Bösen widersetzt und allem Guten zustimmt. Und das ist der Gewissensgrund, dessen Aufgabe es ist, sich dem Bösen zu widersetzen und zum Guten anzuleiten. Deshalb stimme ich auch der Auffassung zu, daß in ihm keine Sünde sein kann.

ZUM ERSTEN ARGUMENT ist zu sagen, daß der Gewissensgrund niemals in seiner Gesamtheit gestürzt wird. Aber in der Anwendung des allgemeinen Prinzips auf ein Einzelnes kann ein Fehler auftreten, und zwar durch einen falschen Schluß (*deductio*) oder durch eine falsche Annahme (*assumptio*). Und deshalb besagt die zitierte Stelle nicht, daß einfach der Gewissensgrund, sondern daß das Gewissen gestürzt wird, das ein allgemeines Urteil des Gewissensgrundes an das einzelne Handeln anlegt.

ZUM ZWEITEN ARGUMENT ist folgendes zu sagen: Wenn in einem Syllogismus ein falscher Schluß aus zwei Prämissen gezogen wird, von denen die eine wahr, die andere falsch ist, ist der Fehler im Schluß nicht der wahren Prämisse anzurechnen, sondern der falschen. So kam auch in jener Meinung, durch die die Verfolger der Apostel glaubten, Gott zu gehorchen, der Fehler nicht aus dem allgemeinen Urteil des Gewissensgrundes, daß man Gott gehorchen müsse, sondern aus dem falschen Urteil des höheren Verstandes, der es für Gott wohlgefällig hielt, die Apostel zu erschlagen. Und deshalb darf man der Auffassung nicht zustimmen, daß sie durch die Tätigkeit des Gewissensgrundes zur Sünde verleitet wurden.

ZUM DRITTEN ARGUMENT ist zu bemerken: Wie der Scheitel des Körpers der höchste Teil des Körpers ist, so ist der Scheitel der Seele der höchste Teil der Seele. Deshalb kann man den Scheitel gemäß den verschiedenen Gliederungsmöglichkeiten für die Seelenteile unterschiedlich auffassen.

Wenn man den intellektiven Teil vom sensitiven abgrenzt, kann man den gesamten intellektiven Teil der Seele als Scheitel bezeichnen. Wenn man den intellektiven Teil weiter in höheren und niederen Verstand unterscheidet, wird der höhere Verstand Scheitel genannt. Unterscheidet man diesen Verstand weiter in natürliche Urteilskraft und Verstandeserwägung, dann sagt man, daß die natürliche Urteilskraft der Scheitel ist.

Wenn es nun von der Seele heißt, daß sie bis zum Scheitel geschändet werde, dann ist das so zu verstehen, daß der Scheitel den höheren Verstand bezeichnet, nicht den Gewissensgrund.

ZUM VIERTEN ARGUMENT ist zu sagen, daß das verständige Vermögen, das sich aus sich selbst heraus bald so, bald gegensätzlich verhält, zuweilen durch einen Habitus auf eine Seite festgelegt wird, besonders dann, wenn es sich um einen vollkommenen Habitus handelt. *Gewissensgrund* bezeichnet aber nicht das verständige Vermögen im absoluten Sinn, sondern das durch den Habitus der größten Gewißheit vollkommene Vermögen.

ZUM FÜNFTEN ARGUMENT ist zu sagen, daß der Akt des Gewissensgrundes nicht einfach ein Akt der Tugend ist, sondern dem Akt der Tugend vorausgeht, wie die natürliche Ausstattung den gnadenhaft verliehenen und den erworbenen Tugenden vorausgeht.

ZUM SECHSTEN ARGUMENT ist folgendes zu sagen: Wie im spekulativen Denken ein falscher Schluß, auch wenn er von Prinzipien ausgeht, sein Falschsein doch nicht von diesen Prinzipien bezieht, sondern von deren schlechter Anwendung, kann es in gleicher Weise auch im praktischen Denken geschehen. Daher ergibt sich der Schluß [oben unter 6.] nicht logisch.

ZUM SIEBENTEN ARGUMENT ist zu sagen, daß Augustinus im 12. Buch »Über die Trinität« zeigt, daß dieses Argument nicht wiegt. Er sagt nämlich, daß durch Sünde allein des niederen Verstandes der ganze Mensch verdammt wird, und zwar deshalb, weil beide Vernunftvermögen zu einem einzigen Seelenteil gehören, dessen Eigenschaft es ist zu sündigen. Deshalb entspricht die Strafe direkt der Person, nicht dem Vermögen – außer soweit es Vermögen der Person ist. Für eine Sünde nämlich, die der Mensch mit einem einzigen Teil seiner selbst begangen hat, verdient die Person des Menschen eine Strafe, die sich auf alles bezieht, was in der Person inbegriffen ist. Darum wird auch im weltlichen Gericht für einen Totschlag, den ein Mensch mit seiner Hand begeht, nicht nur die Hand bestraft.

Dritter Artikel
DRITTENS WIRD GEFRAGT, OB DER GEWISSENSGRUND IN MANCHEN MENSCHEN AUSGELÖSCHT WERDEN KANN.

UND ALLEM ANSCHEIN NACH IST ES SO.

1. Zu Psalm 53,3: »Verdorben sind sie und ein Greuel geworden« sagt die Glosse: »Verdorben, das heißt allen Lichtes des Verstands beraubt«. Aber das Licht des Gewissensgrundes ist ein Licht des Verstandes. Demnach wird das Licht des Gewissensgrundes in manchen Menschen ausgelöscht.

2. Weiter: Die Ketzer haben nie einen Gewissensbiß von ihrem Unglauben. Unglaube ist aber eine Sünde. Wenn es also die Aufgabe des Gewissensgrundes ist, sich der Sünde zu widersetzen, scheint es, als sei er in ihnen erloschen.

3. Außerdem ist nach Aristoteles, 7. Buch der Ethik, derjenige, der den Habitus eines Lasters hat, im Hinblick auf die Grundlagen des Handelns geschädigt. Aber die Grundlagen des Handelns gehören zum Gewissensgrund. Also ist in dem, der den Habitus eines Lasters hat, der Gewissensgrund ausgelöscht.

4. Zudem heißt es Spr. 18,3:»Weil der Gottlose in die Tiefe der Sünder kam, ist er voll Verachtung«; denn wenn das geschieht, behält der Gewissensgrund nicht seinen Platz, wie Hieronymus in der Glosse über Hes. 1,9 sagt. Also ist er in manchen Menschen erloschen.

5. Auch ist in den Seligen jede Neigung zum Bösen ausgeräumt. Folglich auch umgekehrt in den Verdammten jede Neigung zum Guten. Aber der Gewissensgrund leitet zum Guten an. Folglich...

DAGEGEN SPRICHT:

1. Jes. 66,24 »Ihr Wurm wird nicht sterben«. Und diese Stelle wird nach Augustinus auf den Wurm des Gewissens ausgelegt; das ist der Gewissensbiß. Aber der Gewissensbiß wird dadurch verursacht, daß der Gewissensgrund dem Bösen widersteht. Also wird der Gewissensgrund nicht ausgelöscht.

2. Zudem ist die abgrundtiefste unter den Sünden die Verzweiflung, die eine Sünde gegen den Heiligen Geist bedeutet. Aber selbst bei den Verzweifelten ist der Gewissensgrund nicht erloschen, wie aus der Glosse des Hieronymus zu Hes. 1 folgt. Hieronymus sagt dort, daß der Gewissensgrund auch in Kain nicht ausgetilgt ist, von dem doch feststeht, daß er verzweifelt war, weil er 1. Mo. 4,13 spricht:»Meine Sünde ist zu groß, als daß sie mir vergeben werden könnte«. Daraus ergibt sich, was auch oben gefolgert wurde.

ANTWORT: Man muß davon ausgehen, daß das Erlöschen des Gewissensgrundes auf zweifache Weise verstanden werden kann.

DIE ERSTE nimmt den Gewissensgrund als das habituelle Licht selbst; und dann ist es unmöglich, daß er ausgelöscht werden könnte; ebenso unmöglich, wie es unmöglich ist, daß die menschliche Seele des Lichts ihres tätigen Intellekts beraubt würde, durch das uns die ersten Prinzipien des spekulativen und des praktischen Denkens bekannt sind. Dieses Licht gehört nämlich zur Natur der Seele, denn dadurch ist sie Vernunftseele. Über das Licht heißt es

Ps. 4,7: »Das Licht deines Antlitzes, Herr, ist uns als Zeichen aufgeprägt«, das heißt, es zeigt uns das Gute. Dies ist nämlich [in Ps. 4,7] die Antwort auf die Frage »Wer zeigt uns das Gute?«.

DIE ZWEITE VERSTÄNDNISWEISE des Gewissensgrundes geht von seinem Wirken (*actus*) aus. Auch dies ist auf zwiefache Weise möglich.

Einmal so, daß man dann sagen würde, das Wirken des Gewissensgrundes sei erloschen, wenn es völlig unterbunden ist. Daß sein Wirken erlischt, geschieht nämlich auch bei denen, die ihre freie Entscheidungsgewalt nicht anzuwenden vermögen und vom Verstand überhaupt keinen Gebrauch machen können. Das kommt durch eine Behinderung, die aus einem Schaden an den leiblichen Organen stammt, derer sich unser Verstand bedienen muß.

Andererseits so, daß das Wirken des Gewissensgrundes in sein Gegenteil verkehrt wird. Und in diesem Verständnis ist es unmöglich, daß das Urteil des Gewissensgrundes im allgemeinen erlischt; im konkreten Handeln erlischt er jedoch immer dann, wenn der Mensch durch seine Wahl sündigt. Die Kraft der Begierde oder eines anderen Erleidens absorbiert den Verstand so, daß das allgemeine Urteil des Gewissensgrundes im Wahlakt nicht auf die einzelne Handlung angewandt wird.

Aber das heißt nicht, daß der Gewissensgrund schlechthin ausgelöscht sei, sondern nur in bestimmter Hinsicht (*secundum quid*). Um es deshalb einfach auszudrücken: Ich stimme der Auffassung zu, daß der Gewissensgrund niemals ausgelöscht wird.

ZUM ERSTEN ARGUMENT ist zu bemerken: Man sagt von einigen Sündern, daß sie jeden Lichtes ihres Verstands beraubt seien. Das sagt man im Hinblick auf eine Wahlhandlung, bei der der Verstand irrt, weil er von einem Erleiden absorbiert oder von einem anderen Habitus unterdrückt wird, so daß der Mensch dem Licht des Gewissensgrundes beim Wählen nicht folgt.

ZUM ZWEITEN ARGUMENT ist zu sagen, daß bei den Ketzern das Gewissen nicht gegen ihren Unglauben anspricht, weil sie im höheren Verstand irren. Aus diesem Irrtum ergibt sich, daß das Urteil des Gewissensgrundes auf diesen Einzelfall nicht angewendet wird. In seiner allgemeinen Geltung hat nämlich das Urteil des Gewissensgrundes in ihnen weiter Bestand: Sie beurteilen es durchaus als böse, nicht an die Worte zu glauben, die von Gott ausgehen. Sie irren aber mit dem höheren Verstand darin, daß sie nicht glauben, dieses einzelne sei Gottes Wort.

AUF DAS DRITTE ARGUMENT ist zu entgegnen: Derjenige, der den Habitus eines Lasters hat, ist gewissermaßen in den Grundlagen des Handelns verdorben, aber nicht im allgemeinen, sondern für die einzelne Handlung; insofern nämlich durch den Habitus des Lasters der Verstand so gebeugt wird, daß er das allgemeine Urteil im Wahlakt nicht auf die einzelne Handlung anwenden kann. Und im gleichen Sinne wird vom Gottlosen gesagt, daß er es gering achtet, wenn er in den Abgrund der Sünder fährt.

DARAUS ERGIBT SICH AUCH DIE AUFLÖSUNG DES VIERTEN EINWANDES.

ZUM FÜNFTEN ARGUMENT ist zu sagen, daß das Böse außerhalb der Natur liegt; deshalb spricht nichts dagegen, daß die Neigung zum Bösen den Seligen abgenommen wird. Aber das Gute und die Neigung zum Guten ergeben sich aus der Natur selbst. Deshalb kann, weil die Natur bestehenbleibt, die Neigung zum Guten selbst den Verdammten nicht genommen werden.

17. Frage
VOM GEWISSEN (*CONSCIENTIA*)

1. Ist das Gewissen eine Potenz, ein Habitus oder ein Akt?
2. Kann das Gewissen irren?
3. Bindet das Gewissen?
4. Bindet das irrende Gewissen?
5. Bindet das irrende Gewissen in wertneutralen Entscheidungen mehr oder weniger als das Gebot eines geistlichen Oberen?

Erster Artikel
DIE FRAGE HANDELT VOM GEWISSEN, UND ZUERST WIRD GEFRAGT, OB DAS GEWISSEN EINE POTENZ SEI, EIN HABITUS ODER EIN AKT.
UND ES SCHEINT, ALS SEI ES EINE POTENZ.

1. Es sagt nämlich Hieronymus in der Glosse über Hes. 1,9, nachdem er den Gewissensgrund behandelt hat: »Wir sehen, wie dieses Gewissen bisweilen gestürzt wird.« Danach scheint es, als seien Gewissen und Gewissensgrund einunddasselbe. Auf eine bestimmte Art aber ist der Gewissensgrund ein Vermögen. Also auch das Gewissen.

2. Außerdem ist nur ein Vermögen der Seele Träger (*subiectum*) des Lasters. Aber das Gewissen ist Träger der Besudelung durch die Sünde, wie aus dem Brief an Titus 1,15 »Besudelt sind ihnen Geist und Gewissen« hervorgeht. Also ist das Gewissen ein Vermögen.

3. Aber der Apostel sagte damit aus, daß die Besudelung nicht im Gewissen als seinem Träger (*subiectum*) ist. Dagegen ist aber einzuwenden: Nichts kann der Zahl nach einfach bleiben und dabei besudelt und rein sein, wenn es nicht Träger der Besudelung ist. Aber alles, was von der Besudelung zur Reinheit wechselt und dabei der

Anzahl nach einfach bleibt, ist manchmal rein und manchmal besudelt. Demnach ist alles, was sich vom Unreinen zum Reinen verwandelt oder umgekehrt, Träger der Besudelung wie der Reinheit. Aber das Gewissen wandelt sich von der Besudelung zur Reinheit, wie aus Hebr. 9,14 hervorgeht: »Christi Blut wird unser Gewissen von den toten Werken reinigen, damit wir dem lebendigen Gott dienen«. Demnach ist das Gewissen eine Potenz.

4. Außerdem sagt man vom Gewissen, es sei der Spruch des Verstandes, welcher Spruch freilich nichts anderes als das Urteil des Verstandes ist. Aber das Urteil des Verstandes gehört zur freien Entscheidungsgewalt, von der es auch seinen Namen hat. So scheint es also, als seien freie Entscheidungsgewalt und Gewissen dasselbe. Aber die freie Entscheidungsgewalt ist ein Vermögen. Also auch das Gewissen.

5. Zudem sagt Basilius[15] [In Psal. 48,6], daß das Gewissen eine natürliche Urteilskraft sei. Eine natürliche Urteilskraft ist aber der Gewissensgrund. Dieser ist nun auf bestimmte Art ein Vermögen. Also auch das Gewissen.

6. Außerdem gibt es Sünde nur im Willen oder im Verstand. Die Sünde wohnt aber im Gewissen. Demnach ist das Gewissen entweder Verstand oder Wille. Aber Verstand und Wille sind Vermögen. Folglich auch das Gewissen.

7. Weiterhin sagt man von keinem Habitus und von keinem Akt, daß er etwas wisse. Vom Gewissen heißt es aber, es wisse. Pred. 7,22 heißt es nämlich: »Dein Gewissen weiß, daß du anderen oftmals geflucht hast«. Also ist das Gewissen weder ein Habitus noch ein Akt. Folglich ist es eine Potenz.

---

40 Kirchenlehrer, gest. 379.

8. Zudem sagt Origenes [In ep. ad Romanos II], daß »das Gewissen ein anklagender Geist ist und ein Erzieher, der der Seele beigesellt ist, wodurch sie sich vom Bösen scheidet und dem Guten anhängt«. Aber *Geist* bezeichnet eine Seelenpotenz oder auch das Wesen der Seele. Also bezeichnet *Gewissen* eine Seelenpotenz.

9. Außerdem ist das Gewissen entweder Akt oder Habitus oder Potenz. Es ist aber kein Akt, weil seine Tätigkeit nicht andauert, sondern zum Beispiel im Schlafenden nicht vorhanden ist, von dem man doch annimmt, daß er trotzdem ein Gewissen hat. Es ist auch kein Habitus, also ist es eine Potenz. Daß es aber kein Habitus ist, erweist sich an folgendem: Kein Habitus des Verstandes beschäftigt sich nur mit einzelnem. Aber das Gewissen beschäftigt sich mit lauter einzelnen Akten. Also ist es kein Habitus des Verstandes und, weil das Gewissen ja zum Verstand gehört, auch kein Habitus einer anderen Seelenpotenz.

10. Zudem gibt es im Verstand nur Habitus des spekulativen und des praktischen Denkens. Aber das Gewissen ist kein Habitus des spekulativen Denkens, denn es ist auf das Werk ausgerichtet. Es ist auch kein Habitus des praktischen Denkens, denn es ist weder praktisches Können noch Klugheit; nur diese beiden legt Aristoteles im 6. Buch der Ethik [Kap. 3–5] der praktischen Vernunft bei. Also ist das Gewissen kein Habitus.

Denn daß es kein praktisches Können ist, versteht sich von selbst. Daß es aber auch nicht Klugheit ist, läßt sich so beweisen: Klugheit ist die rechte Einsicht in das, was zu tun ist, wie es im 6. Buch der Ethik [Kap. 5] heißt. Das bezieht sich aber nicht auf die einzelnen Dinge, die zu tun sind, denn die Klugheit kann nicht die Einsicht in sie alle sein, weil sie unendlich sind. Es würde nämlich [aus dieser Annahme] wiederum folgen, daß die Klugheit eigentlich durch das Bedenken vieler einzelner Akte wachse, und das scheint nicht zu stimmen. Das Gewissen dagegen betrifft allerdings die einzelnen Werke. Folglich ist das Gewissen nicht Klugheit.

11. Das unterstellte aber, daß das Gewissen doch ein Habitus ist; einer, durch den das allgemeine Urteil des Verstandes auf das einzelne Tun angewandt wird. Dagegen spricht aber: Was von einem Habitus geleistet werden kann, erfordert keine zwei. Aber einer, der den allgemeinen Verstandeshabitus hat, kann [dessen Sätze] auf das Einzelne anwenden, und dabei tritt allein die sensitive Seelenpotenz hinzu. So wird ein Mensch aus dem Habitus, aus dem er weiß, daß alle Maulesel unfruchtbar sind, auch wissen, daß jener Maulesel unfruchtbar ist, weil er durch die Sinne wahrgenommen hat, daß es ein Maulesel sei. Folglich ist zur Anwendung des allgemeinen Urteils auf den einzelnen Akt kein bestimmter Habitus erforderlich. So ist auch das Gewissen kein Habitus. Das ist das gleiche Ergebnis wie oben.

12. Außerdem ist jeder Habitus entweder natürlich oder eingegossen oder erworben. Aber das Gewissen ist kein natürlicher Habitus, denn ein solcher ist in allen Menschen einheitlich. Es haben aber nicht alle dasselbe Gewissen. Weiterhin ist es auch nicht eingegossen, weil ein solcher Habitus immer richtig ist; das Gewissen ist aber bisweilen nicht richtig. Ein erworbener Habitus ist es hinwiederum auch nicht, weil es das Gewissen sonst bei Kindern nicht gäbe. Es gäbe auch kein Gewissen im Menschen, solange er es nicht durch viele Akte als Habitus erworben hätte. Folglich ist das Gewissen kein Habi-

tus, und so kommt man zum gleichen Ergebnis wie oben.

13. Zudem wird ein Habitus nach Aristoteles durch viele Handlungen erworben. Gewissen kann ein Mensch aber aus einer einzigen Tat heraus besitzen. Folglich ist das Gewissen kein Habitus.

14. Weiterhin ist das Gewissen die innere Strafe der Verdammten, wie die Glosse zum ersten Korintherbrief, 3,13 ff., behauptet. Aber ein Habitus ist keine Strafe, sondern eher eine Vervollkommnung dessen, der ihn hat. Also ist es kein Habitus.

ABER ANDERERSEITS SCHEINT ES, ALS WÄRE DAS GEWISSEN EIN HABITUS:

1. Das Gewissen ist nämlich nach Johannes Damascenus [IV,11] das Gesetz unserer Vernunft. Aber das Gesetz der Vernunft ist ein Habitus der allgemeinen Prinzipien des Rechts. Also ist das Gewissen ein Habitus.

2. Außerdem sagt die Glosse [glossa ordinaria] zu der Stelle Röm. 2,14 »Denn die Heiden, die das Gesetz nicht haben«: »Auch wenn die Heiden kein geschriebenes Gesetz haben, so haben sie doch ein natürliches Gesetz, das jeder einsieht und aus dem sich jeder gewiß ist, was gut und was böse ist«. Danach sieht es so aus, als wäre das Naturgesetz das, dessen sich jeder gewiß ist. Aber man ist sich einer Sache gewiß durch sein Gewissen. Also ist das Gewissen das natürliche Gesetz, und das ist eine Bestätigung der Annahme oben.

3. Außerdem bezeichnet *Wissen* einen Habitus des logischen Schließens. Aber das Ge-Wissen ist ein Wissen. Also ist es ein Habitus.

4. Zudem bildet sich ein Habitus in vielfachen Akten aus. Aber der Mensch handelt häufig nach seinem Gewissen. Demnach entsteht aus solchen

Akten ein Habitus, der Gewissen genannt werden kann.

5. Dazu der 1. Brief an Timotheus, 1,5: »Das Ziel aller Unterweisung aber ist Liebe aus reinem Herzen, aus gutem Gewissen und ehrlichem Glauben.« Hier sagt die Glosse [glossa interlinearis]: »Aus gutem Gewissen, das heißt aus der Hoffnung«. Aber die Hoffnung ist ein Habitus. Also auch das Gewissen.

6. Außerdem ist das, was in uns durch Eingebung von Gott her ist, offensichtlich ein eingegossener Habitus. Aber nach Johannes Damascenus, 4. Buch, kommt das Gewissen ebenso durch Eingebung von Gott, wie der Sündentrieb vom bösen Geist kommt. Also ist das Gewissen ein eingegossener Habitus.

7. Zudem ist nach Aristoteles, 2. Buch der Ethik [Kap. 4] alles, was in der Seele ist, entweder Habitus oder Vermögen oder Erleiden. Aber das Gewissen ist kein Erleiden, denn durch Erleiden erwerben wir kein Verdienst, aber wir verlieren auch keines; wir werden dafür weder gelobt noch gescholten, wie Aristoteles an derselben Stelle sagt. Ein Vermögen ist das Gewissen hinwiederum auch nicht, weil man ein Vermögen nicht ablegen kann, ein [bestimmtes] Gewissen legt man aber ab. Also ist das Gewissen ein Habitus.

ABER ANDERERSEITS SCHEINT ES, ALS SEI DAS GEWISSEN EIN AKT.

1. Vom Gewissen heißt es, daß es anklagt und entschuldigt. Aber angeklagt oder entschuldigt wird jemand nur infolgedessen, daß er gerade in der Handlung begriffen ist, etwas zu bedenken. Also ist das Gewissen ein Akt.

2. Außerdem ist ein Wissen, das im Vergleich besteht, ein Wissen in Tätigkeit. Aber Gewissen bezeichnet ein Wissen, das mit Vergleich verbun-

den ist; es wird ja *con-scire*, das heißt *mit-wissen*, genannt. Also ist das Gewissen ein tätiges Wissen.

ANTWORT: Man muß davon ausgehen, daß einige lehren, der Begriff *Gewissen* werde in dreierlei Zusammenhängen verwendet. Mitunter wird Gewissen als die Sache selbst aufgefaßt, deren man sich gewiß geworden ist, so wie man das Wort *Glaube* auch anwendet auf das, was man glaubt. Mitunter steht Gewissen für das Vermögen, durch das wir uns einer Sache gewiß sind; bisweilen auch für den Habitus. Von manchen wird behauptet, es werde mitunter auch als Akt aufgefaßt.

Diese Unterscheidung gründet sich offensichtlich in folgendem: Wenn dem Gewissen eine Tätigkeit zukommt und wenn im Hinblick auf diese Tätigkeit ihr Objekt, das zugrundeliegende Vermögen und der bedingende Habitus – und die Tätigkeit selbst – zusammen bedacht werden, findet sich unter Umständen ein Wort, das alle diese vier gleichermaßen benennt. So ist es zum Beispiel mit dem Wort *Erkenntnis* (*intellectus*). Es kann das Erkannte bezeichnen, wie man von den Begriffen (*nomina*) sagt, daß sie für Erkenntnisse stehen. Manchmal bezeichnet *Erkenntnis* aber auch das Erkenntnisvermögen selbst, bisweilen aber auch einen Habitus oder einen Akt.

Bei so gearteten Beziehungen zwischen Namen und Sache sollte man dem im Sprachgebrauch Üblichen folgen, denn Begriffe soll man so verwenden, wie es die Mehrheit tut, heißt es im 2. Buch der Topik [des Aristoteles, Kap. 1].

Betrachtet man den Sprachgebrauch, so wird offensichtlich *Gewissen* manchmal für etwas verwendet, das mir innerlich gewiß ist, etwa wenn man sagt: Ich werde dir sagen, was ich auf dem Gewissen habe (*dicam tibi conscientiam meam*), dann heißt das: Ich sage dir, was nur ich gewiß weiß. Einem Vermögen oder einem Habitus kann man die Bezeichnung *Gewissen* aber eigentlich nicht beilegen, sondern nur einem Akt, denn nur in dieser Bezeichnungsweise stimmt alles überein, was über das Gewissen geschrieben wird.

Man muß nämlich wissen: Es ist nur dann üblich, daß ein Akt, ein Vermögen und ein Habitus denselben Namen haben, wenn der Akt dem Vermögen oder dem Habitus zugehört. So ist das Sehen dem Seh*vermögen* eigen und das Wissen als Handlung dem *Habitus* des Wissens. So kann *Sehen (visus)* bisweilen das Vermögen bezeichnen, bisweilen den Akt; und mit dem Wissen ist es ähnlich. Wenn es sich dagegen um einen Akt handelt, der mit mehreren oder allen Habitus oder Vermögen zusammengeht, ist es nicht üblich, von der Bezeichnung einer solchen Tätigkeit her ein Vermögen oder einen Habitus zu benennen. Das kann man an dem Wort *Ausübung (usus)* ablesen. Es bezeichnet den Akt eines beliebigen Habitus oder einer beliebigen Potenz. Wenn nämlich ein beliebiger Habitus und eine beliebige Potenz tätig sind, dann üben sie ihre Tätigkeit aus. Deshalb bezeichnet dieses Wort *Ausübung* den Akt so, daß es keinesfalls auch Potenz oder Habitus bedeuten kann.

Und genauso verhält es sich offensichtlich mit dem Gewissen.

Das Wort *Gewissen* bezeichnet ja die Anwendung eines Wissens auf etwas; deshalb heißt *sich einer Sache gewiß sein (conscire)* sozusagen: *sie zugleich wissen (simul scire)*. Jedes Wissen kann aber auf irgendetwas angewendet werden. Deshalb kann das Gewissen nicht einen speziellen Habitus bezeichnen, auch nicht eine Potenz, sondern es bezeichnet den Akt selbst, der die Anwendung eines beliebigen Habitus oder einer beliebigen Kenntnis auf eine einzelne Tätigkeit ist.

NUN WIRD ABER EINE KENNTNIS AUF ZWIEFA-
CHE WEISE AUF EINE TÄTIGKEIT ANGEWANDT.
Einerseits, um zu bedenken, ob es das konkrete Tun
(*actus*) gibt oder geben wird; andererseits, um zu
bedenken, ob das konkrete Tun recht ist oder
nicht.

UND NACH DER ERSTEN WEISE DER ANWEN-
DUNG haben wir nach allgemeiner Auffassung eine
innere Gewißheit (*conscientia*) von einem Tun, weil
wir wissen, ob es ausgeführt wurde oder nicht; so
verhält es sich im gewöhnlichen Sprachgebrauch,
wenn jemand sagt: »Es ist nicht mit meinem Wissen
geschehen«. Das heißt, ich weiß nicht oder wußte
nicht, ob dies getan wird oder getan wurde. Nach
dieser Redeweise ist zu verstehen, was 1. Mo. 43,22
gesagt wird: »Unser Gewissen sagt uns nicht, wer
das Geld in unsere Säcke gelegt hat«. Ebenso Pred.
7,22: »Dein Gewissen weiß, daß du andern oftmals
geflucht hast«. In demselben Sinne sagt man, daß
das Gewissen etwas bezeugt; Röm. 9,1: »Dabei legt
mein Gewissen mir Zeugnis ab«.

BEI DER ANDEREN WEISE, eine Kenntnis auf ein
konkretes Tun anzuwenden, um in Erfahrung zu
bringen, ob eine Handlung richtig oder falsch sei,
gibt es zwei Wege.

Einer ist, daß wir durch einen Habitus des Wissens
dazu gebracht werden, etwas zu tun oder nicht zu
tun. Der andere ist, daß die Tat, nachdem sie geschehen ist, am Habitus des Wissens darauf geprüft
wird, ob sie richtig oder unrichtig war.

Und dieser Doppelweg im praktischen Denken
wird analog zu der zweifachen Methode unterschieden, die es im spekulativen Denken gibt, also
analog zu der des Ersinnens und Urteilens. Jene
Methode [des praktischen Denkens] nämlich, mit
der wir durch Wissen herausfinden, was zu tun ist,
wobei wir gleichsam mit uns selbst zu Rate gehen,
ist dem Ersinnen ähnlich, durch das wir aus Prin-

zipien auf Schlußfolgerungen kommen. Der Weg, auf dem wir das bereits Getane prüfen und in Frage stellen, ob es recht sei, ist wie diejenige Methode des logischen Urteils, durch die Schlußfolgerungen wieder in Prinzipien aufgelöst werden.

Für beide Arten der Anwendung benutzen wir jedoch die Bezeichnung *Gewissen*. Insofern nämlich ein Wissen auf eine Tat angewandt wird, um sie zu leiten, sagt man, daß das Gewissen anspornt oder hinführt oder bindet. Insofern aber ein Wissen zur Prüfung dessen, was schon getan ist, auf die Handlung angewendet wird, sagt man vom Gewissen, daß es anklagt oder peinigt, sobald man findet, daß das, was geschehen ist, nicht mit dem Wissen übereinstimmt, an dem es gemessen wird. Findet man aber, daß das Getane nach der Form jenes Wissens vor sich gegangen ist, so sagt man, daß das Gewissen verteidigt oder entschuldigt.

Bei der ersten Anwendungsart wird Wissen auf eine Tat angewandt, um in Erfahrung zu bringen, ob sie geschehen sei. Man muß aber wissen, daß hier eine Anwendung des Wissens über sinnlich wahrnehmbare Dinge auf einen einzelnen Akt stattfindet. Das kann eine Anwendung des Gedächtnisses sein, durch das wir uns erinnern, was geschehen ist; oder auch die eines Sinnes, durch den wir die einzelne Handlung, die wir gerade ausführen, wahrnehmen.

Aber bei der zweiten und dritten Anwendungsart, bei der wir überlegen, was zu tun sei, oder schon Getanes prüfen, werden die Habitus des praktischen Verstandes auf den Akt angewandt: der Habitus des Gewissensgrundes; der Habitus der Weisheit, in dem sich der höhere Verstand vollendet; und der Habitus des Wissens, in dem sich der niedere Verstand vollendet. Es können alle zugleich angewandt werden oder nur einer von ihnen.

An diesen Habitus prüfen wir nämlich, was wir getan haben, und ihnen entsprechend gehen wir mit uns zu Rate über das, was zu tun ist. Jedoch richtet sich eine Überprüfung nicht nur auf Geschehenes, sondern auch auf künftige Taten, der Rat dagegen nur auf das, was zu tun ist.

ZUM ERSTEN ARGUMENT ist zu bemerken: Wenn Hieronymus sagt: »Wir sehen, daß dieses Gewissen gestürzt wird«, dann wird damit nicht der Gewissensgrund erklärt, von dem er gesagt hatte, er sei der Funke des Gewissens. Sondern es ist das Gewissen selbst gemeint, das er zuvor erwähnt hatte. Aber man darf behaupten, daß alle Kraft des prüfenden oder ratenden Gewissens vom Urteil des Gewissensgrundes abhängt, so wie die gesamte Wahrheit des spekulativen Denkens von ersten Prinzipien abhängt. Und deshalb nennt Hieronymus das Gewissen auch Gewissensgrund, nämlich insofern es aus dessen Kraft agiert; vorzugsweise deswegen, weil er den Fehler beschreiben wollte, durch den der Gewissensgrund versagen kann. Dieser versagt nämlich nicht im allgemeinen, sondern in der Anwendung auf das Besondere; und so versagt der Gewissensgrund nicht in sich selbst, sondern sozusagen im Gewissen. Deshalb hat Hieronymus, als er das Versagen des Gewissensgrundes erklärte, das Gewissen anstelle des Gewissensgrundes eingesetzt.

ZUM ZWEITEN ARGUMENT ist zu sagen, daß es von der Befleckung nicht heißt, sie existiere im Gewissen als in ihrem Subjekt; sie sei vielmehr im Gewissen, wie ein Denkergebnis in der Erkenntnis ist. Man sagt nämlich, daß jemand ein beflecktes Gewissen habe, sobald er sich einer Befleckung gewiß ist.

ZUM DRITTEN ARGUMENT ist folgendes richtigzustellen: »Ein beflecktes Gewissen wird gereinigt« sagt man im Hinblick darauf, daß jemand, der sich zunächst einer Sünde bewußtgeworden ist, später weiß, er ist von der Sündenschuld gereinigt; und so sagt man von ihm, er habe ein reines Gewissen. Es ist aber dasselbe Gewissen, das vorher unrein und später rein war. Das ist nicht so zu denken, daß das Gewissen der Träger (*subiectum*) der Reinheit und Unreinheit wäre, sondern so, daß beides durch das prüfende Gewissen erkannt wird. Weiterhin bleibt das Gewissen nicht auf die Weise dasselbe, daß es ein Akt wäre, durch den der Mensch zuvor wußte, daß er unrein sei, und später weiß, er sei rein, sondern in der Weise, daß beides aus denselben Prinzipien erkannt wird. So nennt man ja auch das dieselbe Überlegung, was aus denselben Prinzipien hervorgeht.

ZUM VIERTEN ARGUMENT ist zu sagen, daß das Urteil des Gewissens und der freien Entscheidungsgewalt sich in mancher Hinsicht unterscheiden, aber auch in mancher Hinsicht übereinstimmen. Sie stimmen nämlich insofern überein, als sie dieselbe einzelne Tat (*actus particularis*) betreffen. Das Urteil des Gewissens entspricht aber der freien Entscheidung in der Methode, mit der es prüft, und beider Spruch unterscheidet sich von dem des Gewissensgrundes. Die Urteile des Gewissens und der freien Entscheidungsgewalt differieren untereinander auch: Das Urteil des Gewissens besteht in reiner Erkenntnis, das Urteil der freien Entscheidungsgewalt in der Anwendung der Erkenntnis auf das Streben (*affectio*); dieses ist ein Urteil der Wahl.

Deshalb geschieht es zuweilen, daß das Urteil des freien Entscheidungsvermögens verworfen wird, das des Gewissens aber nicht. So zum Beispiel, wenn jemand etwas prüft, was er schon zu tun droht, und entscheidet, indem er gleichsam mit Hilfe der sittlichen Grundsätze den Weg bis zum eigenen Standort denkend verfolgt, daß das schlecht sei, zum Beispiel, mit dieser Frau Unzucht zu treiben. Wenn er aber beginnt, die Erkenntnis auf sein Handeln anzuwenden, tauchen von überall her vielfältige Umstände auf, die für die Handlung sprechen, wie etwa die sinnliche Lust. Aus der Begierde nach ihr wird der Verstand gebunden, damit dessen Gebot nicht in die Wahl eingreift. Und so irrt jemand in seiner Wahl, aber nicht in seinem Gewissen, sondern er handelt gegen das Gewissen. Man sagt dann, daß er das mit schlechtem Gewissen tue, weil die Tat mit dem Urteil seines Wissens nicht übereinstimmt.

Und daraus ergibt sich, daß das Gewissen nicht dasselbe sein muß wie die freie Entscheidungsgewalt.

ZUM FÜNFTEN ARGUMENT ist zu sagen, daß das Gewissen als eine natürliche Urteilskraft angesehen wird, insoweit die Prüfung oder Beratung durch das Gewissen ganz vom natürlichen Urteilsvermögen abhängt, wie schon entwickelt wurde.

ZUM SECHSTEN ARGUMENT muß man sagen, daß es die Sünde im Willen und im Verstand als im jeweils Zugrundeliegenden gibt; im Gewissen ist sie aber auf andere Weise, wie bereits gesagt wurde.

ZUM SIEBENTEN ARGUMENT ist zu bemerken: Man sagt vom Gewissen, es wisse etwas. Das ist nicht im eigentlichen Sinne gemeint,[16] sondern in folgender Bedeutung: Ihm wird ein Wissen zugeschrieben, mit dem wir wissen.

ZUM ACHTEN ARGUMENT ist zu sagen, daß das Gewissen ebenso *Geist* genannt wird, das heißt: Geist unserer Eingebung (*spiritus nostri instinctus*), wie auch der Verstand als Geist bezeichnet wird.

---

41 *Scientia*, Wissen, ist für Thomas nach dem Vorbild der Aristotelischen *episteme* die Gesamtheit der wahren Sätze.

ZUM NEUNTEN ARGUMENT ist zu sagen, daß das Gewissen weder Potenz noch Habitus ist, sondern Akt. Und obwohl die Tätigkeit des Gewissens nicht andauernd ist und es eine solche Tätigkeit im Schlafenden nicht gibt, bleibt doch die abstrakte Tätigkeit (*actus ipse*) in ihrer Wurzel enthalten, das heißt in den Habitus, die sich auf die einzelne Handlung anwenden lassen.

Jenen Argumenten aber, die beweisen, daß das Gewissen kein Habitus sei, stimme ich zu.

ABER ZUM ERSTEN ARGUMENT FÜR DIE GEGENMEINUNG, DASS DAS GEWISSEN DOCH EIN HABITUS SEI, ist zu sagen: Das Gewissen wird Gesetz unserer Vernunft genannt, weil es ein Urteil des Verstandes ist, das sich aus dem Naturgesetz herleitet.

ZUM ZWEITEN ARGUMENT ist zu bemerken: Man sagt, daß ein Mensch dem natürlichen Sittengesetz zufolge ein Gewissen habe (*conscius per legem naturalem*), und meint damit dasselbe, als würde man sagen, daß dieser Mensch seine Handlungen nach den Grundprinzipien erwägt. Und man sagt im Gegensatz dazu, daß einer sich ein Gewissen mache (*conscius per conscientiam*), als würde man sagen, daß er seine Handlungen im Augenblick des Nachdenkens erwägt.

ZUM DRITTEN ARGUMENT ist zu sagen: Obgleich das Wissen ein Habitus ist, ist doch die Anwendung des Wissens auf etwas kein Habitus, sondern ein Akt; und dies wird mit dem Wort *Gewissen* bezeichnet.

ZUM VIERTEN ARGUMENT ist zu sagen: Aus jenen konkreten Handlungen entsteht kein Habitus, der von anderer Art wäre als der, durch den die Handlungen erst angeregt werden. Es kann aber ein Habitus derselben Gattung entstehen, so wie aus den Taten der eingegossenen göttlichen Liebe (*ca-*

ritas infusa) ein erworbener Habitus der menschlichen Liebe (*dilectio*) neu entstehen oder, wenn er schon besteht, verstärkt werden kann. Das geschieht ebenso, wie in einem, der den Habitus der Mäßigung durch Taten [der Mäßigung] erworben hat, dieser Habitus nun, da er ihn hat, noch wächst. Und weil die einzelne Handlung des Gewissens aus den Habitus von Weisheit und Wissen hervorgeht, so entsteht daraus kein Habitus, der sich von ihnen unterscheidet, sondern sie werden vervollkommnet.

ZUM FÜNFTEN ARGUMENT ist zu sagen, daß die Wirkung durch die Ursache ausgedrückt wird, wenn man vom Gewissen aussagt, es sei Hoffnung; insofern nämlich ein gutes Gewissen den Menschen dazu bringt, gute Hoffnung zu haben, wie die Glosse am angegebenen Ort ausführt.

ZUM SECHSTEN ARGUMENT ist zu sagen: Auch die natürlichen Habitus sind durch göttliche Eingebung in uns. Weil das Gewissen ein Akt ist, der aus dem natürlichen Habitus des Gewissensgrundes hervorgeht, sagt man deshalb vom Gewissen, es stamme aus göttlicher Eingebung. Man sagt das ebenso, wie es von jeder Erkenntnis der Wahrheit, die in uns ist, heißt, sie komme von Gott, von dem unserer Natur die Erkenntnis der ersten Prinzipien eingegeben ist.

ZUM SIEBENTEN ARGUMENT ist zu bemerken, daß in dieser Einteilung des Aristoteles der Akt im Habitus einbegriffen ist, weil Aristoteles hergeleitet hatte, daß die Habitus sich durch Handlungen herausbilden und dann den Grund für ähnliche Akte darstellen. Und so ist das Gewissen weder Erleiden noch Vermögen, sondern ein Akt, der sich auf seinen Habitus rückbezieht.

Die Argumente aber, die beweisen, daß das Gewissen ein Akt sei, billige ich.

Zweiter Artikel

ZWEITENS WIRD DANACH GEFRAGT, OB DAS GEWISSEN IRREN KANN.

ANSCHEINEND KANN ES DAS NICHT.

1. Eine natürliche Urteilskraft irrt nämlich nie. Und das Gewissen ist nach Basilius eine natürliche Urteilskraft. Also irrt es nicht.

2. Außerdem fügt das Gewissen dem Wissen noch etwas hinzu, das dieses übersteigt. Was es hinzufügt, nimmt aber vom Wesen des Wissens nichts weg. Aber das Wissen irrt nie, weil es ein Habitus ist, in dem immer das Wahre ausgesagt wird, wie im 6. Buch der Ethik [des Aristoteles, Kap. 3 u. 5] entwickelt wird. Also kann auch das Gewissen nicht irren.

3. Außerdem ist der Gewissensgrund der Funke des Gewissens, wie es in der Glosse des Hieronymus zu Hesekiel 1,7 heißt. Folglich verhält sich das Gewissen zum Gewissensgrund wie das Feuer zum Funken. Aber das Wirken (*operatio*) und die Bewegung (*motus*) von Feuer und Funken sind identisch. Also auch die von Gewissen und Gewissensgrund. Der Gewissensgrund irrt aber nie. Folglich auch nicht das Gewissen.

4. Außerdem ist nach dem 4. Buch [Kap. 23] des Johannes Damascenus das Gewissen das Gesetz unserer Vernunft. Auf ihr Gesetz ist aber noch mehr Verlaß als auf die Vernunft selbst. Die Vernunft ist aber immer im Recht, wie es im 3. Buch [des Aristoteles] über die Seele heißt. Also ist um so mehr das Gewissen immer im Recht.

5. Zudem irrt der Verstand nicht in dem Teil, der den Gewissensgrund betrifft. Der Verstand aber, der mit dem Gewissensgrund verbunden ist, macht das Gewissen aus. Also irrt das Gewissen nie.

6. Weiter: Im Gericht wird auf Grund einer Zeugenaussage entschieden. Aber im göttlichen Gericht

ist der Zeuge das Gewissen, wie sich aus Röm. 2,15 ergibt: »Und ihr Gewissen legt ihnen Zeugnis ab«. Weil sich nun das göttliche Gericht niemals täuschen kann, scheint es, als könne das Gewissen niemals irren.

7. Außerdem kann man von jeder Regel, nach der anderes reguliert wird, verlangen, daß sie unfehlbar richtig ist. Aber das Gewissen ist das Regulativ der menschlichen Handlungen. Also muß es immer richtig sein.

8. Zudem stützt sich die Hoffnung auf das Gewissen, wie es in der Glosse zu 1. Tim. 1,5 »Aus reinem Herzen und gutem Gewissen« steht. Auf die Hoffnung ist aber größter Verlaß, wie es Hebr. 6,18 heißt: »…damit wir in zwei unwandelbaren Dingen, in denen es unmöglich ist, daß Gott lügt, den stärksten Trost haben. Denn wir nehmen unsere Zuflucht dazu, die ererbte Hoffnung festzuhalten«. Also hat das Gewissen unfehlbare Richtigkeit.

ABER DAGEGEN SPRICHT:

1. Der Vers Joh. 16,2 »Es kommt die Stunde, da jeder, der euch tötet, meint, Gott zu dienen«. Also schrieb denjenigen, die die Apostel erschlugen, ihr Gewissen vor, sie zu erschlagen. Das war aber falsch. Folglich irrt das Gewissen.

2. Außerdem spricht das Gewissen eine Art von Vergleich (*collatio*) aus. Aber im Vergleichen kann der Verstand sich täuschen. Also kann das Gewissen irren.

ANTWORT: Wie aus den Feststellungen des vorigen Artikels deutlich wird, ist das Gewissen nichts anderes als die Anwendung eines Wissens auf einen besonderen Akt. In dieser Anwendung können zwei Fehler auftreten: einmal, weil das, was angewendet wird, in sich fehlerhaft ist; zum anderen, weil der

Mensch es nicht richtig anwendet. Wie beim logischen Schließen auch, kann der Fehler an zwei Stellen auftreten: entweder daß jemand falsche Prämissen benutzt oder daß er nicht richtig folgert.

Daß aber jemand falsche Prämissen benutzt, kann einerseits geschehen, andererseits nicht geschehen. Im vorhergehenden Artikel wurde nämlich gesagt, daß durch das Gewissen die Kenntnis des Gewissensgrundes und des höheren und niederen Verstandes angewendet wird, um eine einzelne Tat zu prüfen. Weil aber nun die Tat eine einzelne ist, das Urteil des Gewissensgrundes aber als allgemeines anwesend ist, kann man das Urteil des Gewissensgrundes nicht auf die Tat anwenden, ohne ein einzelnes Urteil zu unterstellen. Die Einzelaussage unterbreitet bisweilen der höhere, bisweilen der niedere Verstand. Und so bildet sich das [konkrete] Gewissen gleichsam in einem Syllogismus über einzelnes. Ein Beispiel: Wenn aus dem Urteil des Gewissensgrundes hervorgehen würde: »Man darf nichts tun, was das Gesetz Gottes verboten hat«, und wenn aus der Kenntnis des höheren Verstandes zusätzlich angenommen würde: »Der Beischlaf mit diesem Weibe ist gegen das Gesetz Gottes«, würde die Anwendung durch das Gewissen in dem Schluß bestehen, sich dieses Beischlafs zu enthalten.

In dem allgemeinen Urteil des Gewissensgrundes kann, wie aus dem oben im vorigen Artikel Entwickelten hervorgeht, kein Irrtum vorkommen; aber im Urteil des höheren Verstandes kann ein Fehler geschehen, zum Beispiel, wenn jemand der Auffassung ist, etwas entspreche dem Gesetz oder sei gegen das Gesetz, und so ist es nicht – wie die Ketzer, die glauben, der Schwur sei von Gott verboten. Und so geschieht ein Irrtum im Gewissen wegen einer falschen Prämisse, die im höheren Teil des Verstandes lag.

In ganz ähnlicher Weise kann im Gewissen ein Irrtum auftreten, der aus einem Fehler im niederen Teil des Verstandes herrührt, zum Beispiel, wenn jemand von den durch soziale Gemeinschaft geprägten Begriffen von Recht und Unrecht, ehrlich und unehrlich eine falsche Vorstellung hat.

Es kann aber auch daraus ein Irrtum im Gewissen entstehen, daß die Anwendung im Gewissen nicht richtig vor sich geht. Denn wie es beim logischen Schließen innerhalb des spekulativen Denkens vorkommt, daß die nötige Form des Argumentierens nicht eingehalten wird und dadurch in der Schlußfolgerung ein Fehler auftritt, so kann es, wie bereits gesagt wurde, auch in einem Syllogismus des praktischen Denkens geschehen.

Man muß aber wissen, daß es Dinge gibt, in denen das Gewissen niemals irren kann: dort nämlich, wo jene einzelne Tat, dem das Gewissen sich zuwendet, im Gewissensgrund für sich allgemein beurteilt ist. Im spekulativen Denken kommt nämlich in Syllogismen über einzelnes, die direkt unter allgemeine Prinzipien fallen und in dieselben Termini gefaßt sind, kein Irrtum vor. So wird sich in »Dieses Ganze ist größer als sein Teil« niemand täuschen, ebensowenig wie in »Jedes Ganze ist größer als sein Teil«. Ebenso könnte auch kein Gewissen irrtümlich sprechen: »Ich muß Gott nicht lieben« oder: »Irgendetwas Böses muß getan werden«. Das liegt daran, daß in beiden Urteilen, dem des spekulativen und dem des praktischen Denkens, der Obersatz aus sich selbst bekannt ist, da er ja in der Form eines allgemeinen Urteils existiert. Auch der Untersatz ist aus sich selbst klar, weil in ihm über denselben Sachverhalt dieselbe Aussage für den Einzelfall getroffen wird; zum Beispiel, wenn man sagt: »Jedes Ganze ist größer als sein Teil. Dieses Gesamte ist ein Ganzes. Folglich ist es größer als sein Teil.«

ZUM ERSTEN ARGUMENT ist zu sagen, daß das Gewissen insofern eine natürliche Urteilskraft genannt wird, als es gleichsam die Folgerung ist, die aus dem natürlichen Urteil gezogen wurde. In der Schlußfolgerung kann ein Irrtum auftreten; zwar nicht wegen eines Fehlers im natürlichen Urteilsvermögen, jedoch wegen eines Irrtums in der einzelnen Voraussetzung oder wegen einer unzulässigen Schlußfigur, wie schon ausgeführt wurde.

ZUM ZWEITEN ARGUMENT ist zu sagen, daß das Gewissen über das Wissen hinausgeht, indem es dieses zusätzlich auf den einzelnen Akt anwendet, und in dieser Anwendung kann ein Fehler enthalten sein, auch wenn im Wissen selbst kein Irrtum ist. Mit anderen Worten: Wenn ich *Gewissen* sage, meine ich nicht allein Wissen in dem engen Verständnis als ein Wissen, das nur wahre Sätze enthält. Sondern ich verstehe unter *Gewissen* ein Wissen, das im weiteren Sinn für jedwede Kenntnis steht, so wie uns im allgemeinen Sprachgebrauch alles, das wir erfahren haben, als Wissen zugeschrieben wird.

ZUM DRITTEN ARGUMENT ist zu sagen: Wie der Funke im Feuer reiner ist als das Feuer selbst und über das ganze Feuer hinausfliegt, so ist der Gewissensgrund das Höchste, das sich im Urteil des Gewissens findet. Und in dieser Metapher wird der Gewissensgrund *Funke des Gewissens* genannt. Es ergibt sich aber deshalb nicht zwingend, daß der Gewissensgrund sich zum Gewissen auch in allen anderen Belangen verhalte wie der Funke zum Feuer. Trotzdem ist es auch beim stofflichen Feuer so, daß es modifiziert wird, weil es sich mit fremdem Stoff mischt. Diese Veränderung kann mit dem Funken nicht geschehen, denn er ist rein. So kann auch dem Gewissen wegen seiner Vermischung mit Einzelnem, das gleichsam von anderem Stoff ist als der Verstand, ein Irrtum unterlaufen. Das kann dem

Gewissensgrund, weil er rein ist, nicht zustoßen.

ZUM VIERTEN ARGUMENT ist zu sagen, daß das Gewissen als Gesetz unserer Vernunft aufgrund dessen bezeichnet wird, was es aus dem Gewissensgrund hat. Und aufgrund dessen irrt es, wie gesagt, nie, sondern in anderen Punkten.

ZUM FÜNFTEN ARGUMENT ist zu sagen: Zwar irrt der Verstand nicht dadurch, daß er mit dem Gewissensgrund verknüpft ist. Aber der irrende Verstand, der höhere oder der niedere, kann sich mit dem Gewissensgrund so verbinden, wie sich ein falscher Untersatz mit einem richtigen Obersatz verknüpft.

ZUM SECHSTEN ARGUMENT ist zu sagen, daß im Gericht dann nach der Aussage der Zeugen geurteilt wird, wenn sich deren Aussagen nicht durch andere klare Anzeichen als falsch erweisen lassen. In einem Menschen aber, der in seinem Gewissen irrt, wird dem Zeugnis des Gewissens durch die Vorschrift des Gewissensgrundes vorgeworfen, daß es falsch sei. Und deshalb wird im göttlichen Gericht nicht nach dem Zeugnis des irrenden Gewissens geurteilt, sondern eher nach der Vorschrift des natürlichen Gesetzes.

ZUM SIEBENTEN ARGUMENT ist zu sagen, daß nicht das Gewissen die erste Regel für das Handeln der Menschen ist, sondern eher der Gewissensgrund; das Gewissen aber ist so etwas wie eine geregelte Regel. Deshalb nimmt es nicht Wunder, wenn in ihm ein Fehler auftreten kann.

ZUM ACHTEN ARGUMENT ist zu sagen, daß jene Hoffnung, die auf einem guten Gewissen aufbaut, Sicherheit besitzt. Diese Sicherheit ist Hoffnung als reines Geschenk (*spes gratuita*). Die Hoffnung aber, die sich auf ein irrendes Gewissen gründet, ist die, von der es Spr. 10,28 heißt: »Der Gottlosen Hoffnung wird verloren sein«.

Dritter Artikel
DRITTENS WIRD UNTERSUCHT, OB DAS GEWISSEN BINDET.

DEM ANSCHEIN NACH NICHT.

1. Niemand ist gebunden, etwas zu tun, wenn es sich nicht aus einem Gesetz ergibt. Aber der Mensch macht sich das Gesetz nicht selbst. Weil aber das Gewissen dem Tun des Menschen entspringt, bindet es folglich nicht.

2. Weiterhin ist niemand an Ratschläge gebunden. Aber das Gewissen verhält sich beratend. So scheint es, als ginge das Gewissen der Wahl wie ein Rat voraus. Folglich bindet das Gewissen nicht.

3. Zudem ist ein Mensch kraft eines Höheren gebunden. Aber das Gewissen des Menschen ist nicht höher als er selbst. Also ist der Mensch kraft seines Gewissens nicht gebunden.

4. Außerdem gehören Binden und Lösen zu einer Gattung. Aber das Gewissen reicht nicht aus, um einen Menschen loszusprechen. Also auch nicht dazu, ihn zu binden.

DAGEGEN SPRICHT:

1. Die Glosse zu Pred. 7,23 »Dein Gewissen weiß...« heißt: »Wenn das Gewissen der Richter ist, wird kein Schuldiger freigesprochen«. Aber die Vorschrift eines Richters bindet. Also bindet das Diktat des Gewissens.

2. Außerdem sagt Origenes zu der Stelle Röm. 14,23 »Alles, was nicht aus dem Glauben geschieht....«: »Der Apostel will, daß ich nichts sagen noch denken möge, nichts tun, was nicht nach dem Gewissen ist«. Also bindet das Gewissen.

ANTWORT: Man muß festhalten, daß das Gewissen ohne Zweifel bindet.
Um aber einzusehen, wie es bindet, muß man fol-

gendes wissen: *Bindung* wurde vom Körperlichen ins Geistige metaphorisch übernommen. Bindung bringt es mit sich, daß Zwang auferlegt wird. Derjenige nämlich, der gebunden ist, muß notwendig an dem Ort verharren, an dem er festgebunden ist, und die Macht, anderswohin fortzugehen, ist ihm genommen. Daraus folgt, daß darin, was aus sich selbst notwendig ist, Bindung nicht stattfindet. Wir können nämlich nicht sagen, daß das Feuer daran gebunden wäre, daß es nach oben lodert, weil es nämlich im Gegenteil notwendig so ist, daß es nach oben lodert. Aber eine Bindung hat nur dort Platz, wo der Zwang von anderer Seite auferlegt wird.

Nun gibt es aber zwei Notwendigkeiten, die jemandem von einem anderen Handelnden auferlegt werden können. Eine davon ist Zwang, durch den jemand notwendig genau das tun muß, wozu er durch die Handlung des Treibenden bestimmt wird. Sonst würde man eigentlich nicht Zwang, sondern eher Verleitung sagen.

Die andere ist die bedingte Notwendigkeit, nämlich durch Vorgabe eines Zieles. Zum Beispiel wird jemandem eine Pflicht so auferlegt, daß er seinen Lohn nicht erlangt, wenn er das Gebotene nicht tut.

Die erste Notwendigkeit, die des Zwanges, fällt nicht unter die Antriebe des Willens, sondern nur unter die körperlichen Dinge, denn der Wille ist von Natur aus frei von Zwang.

Die zweite Notwendigkeit dagegen kann dem Willen auferlegt werden, so daß er zum Beispiel mit Notwendigkeit dieses zu wählen hat, wenn er jenes Gute befolgen oder jenes Böse meiden muß. Von Bösem frei zu sein wird nämlich gleich hoch eingestuft wie in solchen Dingen das Gute zu besitzen, wie Aristoteles im 5. Buch der Ethik [Kap. 1] sagt.

Wie aber die Notwendigkeit, die durch Zwang entsteht, der Körperwelt durch ein bestimmtes Tun auferlegt wird, so wird auch jene bedingte Notwendigkeit dem Willen durch ein anderes Tun aufgegeben. Die Handlung aber, durch die der Wille bewegt wird, ist der Befehl des Herrschenden und Leitenden. Deshalb sagt Aristoteles im 5. Buch der Metaphysik, daß der Herrscher durch seine Befehlsgewalt ein Grund der Bewegung ist. Der Befehl eines Herrschenden verhält sich nämlich zur Bindung in Willensdingen, das heißt bei der Bindungsart, die dem Willen geschehen kann, ganz ebenso, wie sich das körperliche Tun zur Bindung von Körperlichem verhält, nämlich durch die Notwendigkeit des Zwanges.

Aber das körperliche Tun eines Handelnden bewirkt einem anderen Gegenstand gegenüber niemals eine Notwendigkeit, wenn die Handlung den Gegenstand, auf den sie einwirkt, nicht selbst berührt. Deshalb ist auch niemand durch den Befehl eines Königs oder Herren gebunden, wenn der Befehl denjenigen, dem er gegeben ist, nicht erreicht; er erreicht ihn aber durch Kenntnis.

Aus diesem Grunde ist niemand an eine Vorschrift gebunden, wenn sein Wissen von dieser Vorschrift nicht vermittelnd wirkt. Deshalb ist derjenige, der nicht fähig ist, eine Vorschrift zu kennen, an die Vorschrift nicht gebunden. So ist auch jemand, der ein Gebot nicht kennt, nach allgemeiner Ansicht nicht daran gebunden, es zu erfüllen – oder allenfalls nur so weit, wie er gehalten ist, das Gebot zu kennen. Wenn er aber nicht dazu gehalten ist und es nicht kennt, ist er auf keine Weise an das Gebot gebunden.

Wie nun in der Körperwelt das körperlich Agierende nicht anders beeinflußt als durch Berührung, so bindet im Bereich des Geistigen ein Gebot nur durch Wissen. Demnach ist auch vergleichbar: Es ist ein und dieselbe Kraft (*vis*), aus der heraus die Berührung beeinflußt und aus der die Macht (*virtus*) des Handelnden wirkt – denn die Berührung beeinflußt nur aus der Macht des Handelnden und die Macht des Handelnden nur vermittelt durch die Berührung. Ebenso ist es auch dieselbe Kraft, aus der heraus ein Gebot bindet und aus der heraus das Wissen davon bindet. Denn das Wissen könnte nicht binden ohne die Macht des Gebotes, und das Gebot nicht ohne das Wissen davon.

Deshalb steht fest: Weil das Gewissen nichts anderes ist als die Anwendung einer Kenntnis auf einen Akt, sagt man, das Gewissen bindet – und zwar durch die Kraft des göttlichen Gebotes.

ZUM ERSTEN ARGUMENT ist zu sagen: Der Mensch macht sich nicht selbst das Gesetz; aber durch den Akt seiner Erkenntnis, durch die er das von einem anderen geschaffene Gesetz erkennt, ist er gebunden, das Gesetz zu erfüllen.

ZUM ZWEITEN ARGUMENT muß man sagen, daß unter Rat zweierlei verstanden wird.

Zuweilen ist nämlich der Rat nichts anderes als ein Handeln des Verstandes, der fragt, was zu tun sei; und in diesem Fall verhält sich der Rat zur Wahl wie der Syllogismus oder die Frage zur Lösung, wie sich aus dem 3. Buch der Ethik des Aristoteles [Kap. 6] ergibt. Rat, den man auf diese Weise erhält, ist kein Gegensatz zum Gebot. Denn über das, was im Gebot enthalten ist, beraten wir uns auf die beschriebene Weise. Daher geschieht es auf einen solchen Rat hin, daß sich jemand zu etwas verpflichtet. So findet sich der betreffende Rat im Gewissen für eine einzige Art der Anwendung: für die Frage, was zu tun sei.

Nach einer zweiten Weise wird der Rat als Überredung oder Verführung verstanden, etwas zu tun, wobei die Überredung oder Verführung keine zwingende Kraft besitzt. Dann unterscheidet sich der Rat vom Gebot. Zu solcher Art Rat zählen freundschaftliche Ermahnungen. Auch diesem Rat entspringt bisweilen eine Gewissenshaltung. Es wird nämlich zuweilen das Wissen von diesem Rat auf eine einzelne Handlung angewandt. Aber weil das Gewissen nur durch die Macht dessen bindet, was man in ihm bewahrt, kann ein Gewissen, das einem Rat folgt, nicht auf andere Weise verpflichten als der Rat selbst. Hört jemand einen Rat, dann ist er zwar verpflichtet, ihn nicht zu verachten, aber nicht dazu, ihn zu befolgen.

ZUM DRITTEN ARGUMENT ist zu sagen: Auch wenn der Mensch nicht über sich selbst stehen kann, bleibt doch der, von dessen Gebot er weiß, höher als er, und so ist er durch sein Gewissen gebunden.

ZUM VIERTEN ARGUMENT ist zu sagen, daß ein irriges Gewissen nicht ausreicht, um zu entschuldigen, solange es in dem Irrtum sündigt. Es reicht ebensowenig aus, zu entschuldigen, solange es in den Dingen irrt, die zu wissen es gehalten ist. Wenn es sich aber um einen Irrtum in den Dingen handelt, die ein Mensch nicht wissen muß, wird er durch sein Gewissen entschuldigt. Das zeigt sich an dem, der aus Unkenntnis einer Sachlage sündigt, zum Beispiel, wenn jemand zur Frau eines anderen geht, die er für die seine hält.

Vierter Artikel
VIERTENS FRAGT ES SICH, OB DAS IRRENDE GEWISSEN BINDET.
OFFENSICHTLICH NICHT.

1. Denn, wie Augustinus sagt [lib. XXII Contra Faustum cap. 27), besteht Sünde in Wort, Tat oder Begehr wider Gottes Gesetz. Also verpflichtet nichts zur Sünde außer Gottes Gesetz. Aber das irrende Gewissen ist nicht nach dem Gesetz Gottes. Also verpflichtet es nicht zur Sünde.

2. Außerdem sagt die Glosse des Augustinus über Röm. 13,1 »Jede Seele sei untertan den höheren Gewalten« [Sermo VI De verbis Domini], daß man der niederen Gewalt nicht gegen das Gebot der höheren gehorchen soll, wie man zum Beispiel dem Prokonsul nicht gehorchen soll, wenn der Kaiser das Gegenteil anordnet. Aber das irrige Gewissen steht niedriger als Gott selbst. Wenn also das Gewissen Dinge anordnet, die den Geboten Gottes widersprechen, scheint es so, als verpflichte das Gebot des irrigen Gewissens in keiner Weise.

3. Außerdem sagt Ambrosius [De Paradiso cap. 8]: »Die Sünde ist eine Übertretung des göttlichen Gesetzes und ein Ungehorsam gegenüber den himmlischen Geboten«. Also sündigt jeder, der vom Gehorsam gegenüber dem göttlichen Gesetz abirrt. Aber ein irrendes Gewissen bewirkt das Abweichen vom Gehorsam gegenüber Gott; sooft nämlich jemand die Gewissensabsicht hat, das zu tun, was nach göttlichem Gesetz verboten ist. Folglich führt das irrige Gewissen mehr in die Sünde, wenn es befolgt wird, als es an die Sünde bindet, wenn es nicht befolgt wird.

4. Weiter gilt nach den kanonischen Rechten:[17]

---

42 Tonneau (Saint Thomas d'Aquin, Questions disputées sur la vérité, questions XV–XVII, Paris 1991, S. 231 Anm. 63) bezieht diese Stelle bei Thomas auf Decret. V tit. 39 c. 44, Corpus Iuris Canonici ed. Friedberg II Sp. 908. Thomas stellt die Rechtslage als eindeutig dar: Die Gewissensentscheidung ist die übergeordnete. So eindeutig ist das Kirchenrecht keinesfalls, denn eine Entscheidung Alexanders III. in Decret. IV tit. 19 c. 3, Friedberg II Sp. 720–721 läuft darauf hinaus, daß ein Mann seine Frau eben nicht verlassen dürfe, wenn ihm im nachhinein die Sündhaftigkeit der Verbindung durch zu nahe Verwandtschaft bekannt werde; der Bischof allerdings dürfe ihn, wenn ein solches Gerücht gehe, befragen und die Ehe gegebenenfalls scheiden. Hier wird dem Mann, der die Frau verlassen hat, die Exkommunikation angedroht.

Wenn jemand die Gewißheit hat, daß seine Frau zu ihm in einem verbotenen Verwandtschaftsgrad steht, und wenn seine Gewissenseinschätzung zu bestätigen ist, so muß er diesem Gewissen auch gegen das Gebot der Kirche folgen [und sich von der Frau trennen], selbst wenn die Exkommunikation darauf steht. Sollte seine Gewissenseinschätzung aber nicht zu bestätigen sein, so wäre er nicht gebunden, nach ihr zu handeln, sondern müßte eher der Kirche gehorchen. Aber die irrige Gewissenseinschätzung, besonders die über grundsätzlich Schlechtes, läßt sich in keiner Weise bestätigen. Also bindet ein solches Gewissen nicht.

5. Zudem ist Gott barmherziger als jeder irdische Herr. Aber ein weltlicher Herrscher rechnet einem Menschen nicht als Verfehlung an, was durch einen Irrtum verschuldet ist. Um so weniger also ist ein Mensch aufgrund eines irrigen Gewissens vor Gott zu einer Sünde verpflichtet.

6. Aber das bedeutete, daß das irrige Gewissen bezüglich dessen bindet, was aus sich selbst weder gut noch böse ist (*circa indifferentia*), aber nicht in dem, was durch sich selbst böse ist. Allerdings sagt man im Gegensatz dazu über das irrige Gewissen bei Handlungen, die aus sich selbst böse sind, es binde nicht, weil die Weisung des Verstandes dagegen steht. In ähnlicher Weise würde aber der natürliche Verstand dem irrenden Gewissen das Gegenteil befehlen, wenn es sich in wertneutralen Dingen irrt. Also bindet dieses Gewissen ebensowenig.

7. Zudem verhält sich eine Tat (*opus*), die weder gut noch böse ist, zu Gutem und Bösem gleich. Was aber ebensosehr zum einen wie zum anderen gehört, muß nicht notwendig getan oder unterlassen werden. Deshalb ist der Mensch zu neutralen

Handlungen nicht durch die Notwendigkeit des Gewissens verpflichtet.

8. Außerdem wird ein Mensch, wenn er aus einem irrigen Gewissen gegen das Gesetz Gottes handelt, nicht etwa deshalb von der Sünde entschuldigt. Wenn nun einer sündigen würde, der gegen sein Gewissen handelt, auch wenn es auf diese Weise irrt, dann folgte daraus, daß er auf jeden Fall eine Sünde beginge, ob er nun nach dem irrenden Gewissen handelte oder nicht. Er wäre dann so ausweglos verstrickt (*perplexus*), daß er der Sünde nicht ausweichen könnte. Und das scheint unmöglich, weil nach Augustinus [Retract. I cap. IX] »niemand in dem sündigt, was er nicht vermeiden kann«. Es ist folglich unmöglich, daß ein auf diese Weise irrendes Gewissen bindet.

9. Zudem ordnet sich jede einzelne Sünde einer Sündengattung zu. Aber wenn das Gewissen jemandem vorschreibt zu huren, kann das Meiden von Hurerei nicht einer Gattung der Sünde zugeordnet werden. Der Mensch würde also, wenn er so gegen sein Gewissen handelt, nicht sündigen. Folglich bindet ein solches Gewissen nicht.

DAGEGEN SPRICHT ABER:

1. Zu der Stelle Röm. 14,23 »Alles, was nicht aus dem Glauben geschieht, ist Sünde« sagt die Glosse: »Das heißt, es ist nach dem Gewissen eine Sünde, auch wenn es in sich gut ist«. Aber ein Gewissen, das verbietet, was in sich gut ist, ist ein irrendes Gewissen. Also bindet ein solches Gewissen.

2. Außerdem war das Bewahren der Gesetzesfrömmigkeit nach der Zeit der offenbarten Gnade nicht weder gut noch böse, sondern böse an sich; deshalb heißt es Gal. 5,2: »Wenn ihr euch beschneiden laßt, wird euch Christus zu nichts nützen«. Aber dennoch verpflichtete das Gewissen,

das die Beschneidung vorschrieb. Deshalb heißt es dort weiter: »Ich bezeuge aber jedem, der sich beschneiden läßt, daß er das ganze Gesetz zu tun schuldig ist«. Also bindet das Gewissen auch bei an sich Bösem.

3. Zudem besteht die Sünde grundsätzlich im Willen. Wer immer aber das göttliche Gebot übertreten will, ist böswillig. Er sündigt also. Andererseits: Wer immer glaubt, daß etwas geboten sei, und es übertreten will, hat den Willen, das Gesetz nicht zu befolgen. Also sündigt er. Wer aber ein irriges Gewissen hat – ob nun in Angelegenheiten, die durch sich selbst böse sind, oder in irgendwelchen anderen –, glaubt, daß das, was gegen sein Gewissen ist, gegen das Gesetz Gottes sei. Wenn er dies folglich tun will, will er gegen das Gesetz Gottes handeln, und auf diese Weise sündigt er. Und so verpflichtet das Gewissen, obgleich es irrt – es verpflichtet zur Sünde.

4. Außerdem ist das Gewissen nach Johannes Damascenus [lib. IV cap. 32] das Gesetz unserer Vernunft. Aber gegen das Gesetz zu handeln ist eine Sünde. Also auf bestimmte Weise auch, gegen das Gewissen zu handeln.

5. Außerdem ist ein Mensch durch ein Gebot gebunden. Aber was das Gewissen vorschreibt, wird zum Gebot. Also bindet das Gewissen, auch wenn es irrt.

ANTWORT: Man muß davon ausgehen, daß es darin unterschiedliche Auffassungen gibt.
Einige sagen nämlich, daß das Gewissen in Angelegenheiten irren kann, die aus sich selbst schlecht sind, oder in solchen, die an sich weder gut noch böse sind. Das Gewissen, das sich bezüglich des an sich Schlechten irrt, bindet nicht, bezüglich der wertneutralen Gegenstände bindet es jedoch.

Aber die das sagen, scheinen nicht zu verstehen, was das sei: Das Gewissen bindet. Man sagt nämlich, daß ein Gewissen bindet, um der Tatsache Rechnung zu tragen, daß der Mensch eine Sünde begeht, wenn er dem Gewissen nicht folgt. Aber man sagt es nicht in der Weise, daß der, der nach ihm handelt, auch recht tut. Sonst würde man nämlich auch annehmen, daß ein Rat bindet: Immerhin handelt der recht, der den Rat befolgt. Trotzdem sagen wir nicht, daß man an Ratschläge gebunden sei, weil der, der einen Rat übergeht, nicht sündigt. Wir sagen aber wohl, daß wir an die Gebote gebunden sind, weil wir, wenn wir die Gebote nicht befolgen, in Sünden fallen. Jedoch heißt es vom Gewissen nicht deshalb, es binde daran, etwas zu tun, weil die Tat aufgrund dieses Gewissens gut ist, wenn sie geschieht, sondern weil man eine Sünde begeht, wenn die Tat nicht geschieht.

Einmal vorausgesetzt, das Gewissen irrt und schreibt dabei etwas als göttliches Gebot vor; es ist aber wertneutral oder in sich böse: Wenn der Mensch sich dann, obwohl das Gewissen in ihm unverändert besteht, das Gegenteil zu tun vornimmt, dann scheint es allerdings unmöglich, daß er der Sünde entgehen könne. Was ihn nämlich selbst betrifft, so hat er dadurch den Willen, Gottes Gesetz nicht zu befolgen; dadurch begeht er eine Todsünde.

Obgleich also ein solches irrendes Gewissen abgelegt werden kann, ist es unabhängig davon trotzdem verpflichtend, so lange es andauert, weil der Mensch, indem er es übertritt, mit Notwendigkeit in Sünde fällt.

Aber das richtige und das irrige Gewissen binden auf unterschiedliche Weise: Das rechte bindet schlechthin und aus sich selbst heraus, das irrige aber in einer bestimmten Hinsicht und akzidentiell.

Ich behaupte aber, daß das richtige Gewissen schlechthin bindet, weil es absolut und in jedem Fall verpflichtet. Wenn nämlich jemand die Gewissensüberzeugung hat, daß Ehebruch zu meiden sei, dann kann er dieses Gewissen nicht ohne Sünde ablegen, weil er damit, daß er es irrtümlich ablegte, schwer sündigen würde. Bleibt es aber bestehen, dann kann es beim Handeln nicht ohne Sünde übergangen werden. Deshalb bindet das richtige Gewissen absolut und in jedem Fall.

Aber das irrige Gewissen bindet nur in bestimmter Hinsicht, denn es bindet unter einer Voraussetzung. Derjenige nämlich, dem das Gewissen vorschreibt, daß er zur Unzucht angehalten sei, ist nur unter der Bedingung, daß das so geartete Gewissen andauert, daran gebunden, daß er die Unzucht nicht ohne Sünde lassen kann. Diese Voraussetzung kann man aber ohne Sünde aufheben. Von daher verpflichtet ein solches Gewissen nicht in jedem Fall. Es kann nämlich geschehen, daß das Gewissen abgelegt wird. Wenn es dazu kommt, ist man nicht weiter gebunden. Was aber nur unter einer Bedingung existiert, bezeichnet man nur in einer bestimmten Hinsicht als seiend.

Auch bin ich der Auffassung, daß ein richtiges Gewissen durch sich selbst bindet, ein irriges aber akzidentiell; und das ergibt sich aus folgendem. Wer das eine um des anderen willen wünscht oder liebt, der liebt dasjenige, um dessentwillen er das andere liebt, um seiner selbst willen (*per se*). Was er aber um des anderen willen liebt, liebt er akzidentiell. Zum Beispiel liebt einer, der den Wein um seiner Süße willen liebt, das Süße an sich, den Wein aber akzidentiell. Derjenige aber, der ein irriges Gewissen hat und glaubt, es sei richtig – sonst würde er sich ja nicht irren –, hängt dem falschen Gewissen nicht wegen der Richtigkeit an, die er ihm unterstellt, sondern er hängt eigentlich dem richtigen Gewissen an, dem falschen aber gleichsam zufällig: nämlich in dem Maße, wie es dem Gewissen, das er für recht hält, geschieht, daß es sich irrt. Das ist der Grund, weshalb er eigentlich vom rechten Gewissen gebunden ist, vom irrenden aber nur akzidentiell.

Diese Lösung kann man aus den Worten des Aristoteles im 7. Buch der Ethik entnehmen, wo er beinahe dieselbe Frage bespricht: ob nämlich nur der unbeständig genannt werden soll, der von einem richtigen Vorsatz Abstand nimmt, oder auch derjenige, der von einem falschen abgeht. Aristoteles löst das Problem so auf, daß der Unbeständige an sich vom rechten Ratschluß abweicht, zufällig aber vom falschen; von dem ersten schlechthin (*simpliciter*), von dem zweiten in einer bestimmten Hinsicht (*secundum quid*). Denn was durch sich selbst besteht, ist schlechthin; was durch Zufall besteht, ist nur in bestimmter Hinsicht.

ZUM ERSTEN ARGUMENT ist zu bemerken: Obwohl das, was das irrige Gewissen vorschreibt, nicht mit dem Gesetz Gottes übereinstimmt, wird es doch vom Irrenden als das Gesetz Gottes selbst aufgefaßt. Deshalb weicht ein Mensch, wenn er davon abgeht, eigentlich vom Gesetz Gottes ab, obwohl es durch Zufall so ist, daß er nicht vom Gesetz Gottes abweicht.

ZUM ZWEITEN ARGUMENT ist zu sagen, daß diese Erwägung schlüssig ist, wenn die Vorschriften der höheren und der niederen Instanz verschieden sind und wenn jede von ihnen für sich, getrennt von der anderen, denjenigen erreicht, der an die Vorschrift gebunden ist. Aber das trifft hier nicht zu, denn der Spruch des Gewissens ist nichts anderes als die Einkehr von Gottes Gebot zu dem, der ein Gewissen hat, wie aus dem oben in Artikel 1 und 2 Gesagten folgt. Ähnlich verhielte es sich aber in dem angeführten Beispiel, falls eine Verfügung des Kaisers nie ohne die Vermittlung des Prokonsuls jemanden erreichen könnte und der Prokonsul das, was er vorschreibt, nicht vorschriebe, wenn er damit nicht eine Verfügung des Kaisers vortrüge. Dann würde es nämlich dasselbe bedeuten, die Vorschrift des Kaisers und die des Prokonsuls zu mißachten, ob der Prokonsul nun die Wahrheit spreche oder lüge.

ZUM DRITTEN ARGUMENT ist zu sagen, daß das irrende Gewissen, wenn es bezüglich dessen fehlgeht, was aus sich heraus böse ist, dem Gesetz Gottes Entgegengesetztes befiehlt. Aber dennoch glaubt es, daß das, was es vorschreibt, Gottes Gesetz ist. Und deshalb übertritt der, der dieses Gewissen übergeht, zugleich das Gesetz Gottes, selbst wenn er, indem er dem Gewissen folgt und es durch sein Handeln erfüllt, gegen das Gesetz Gottes handelt und damit eine Todsünde begeht. Denn schon im Irrtum lag Sünde, weil die Sünde durch die Unkenntnis dessen geschah, was er hätte wissen müssen.

ZUM VIERTEN ARGUMENT ist zu sagen, daß man das Gewissen dann, wenn es sich nicht bestätigt, ablegen muß. Solange es aber besteht, begeht man eine Todsünde, wenn man ihm zuwider handelt. Daher erweist es sich als falsch, daß das irrige Gewissen nicht bindet, solange es andauert. Als richtig erweist sich dagegen nur, daß es nicht schlechthin und in jedem Fall bindet.

ZUM FÜNFTEN ARGUMENT ist zu bemerken, daß daraus nicht geschlossen werden kann, das irrige Gewissen verpflichte nicht zur Sünde, wenn es nicht erfüllt würde. Vielmehr ergibt sich, daß es von der Sünde entschuldigt, wenn es erfüllt wird. Die Folgerung paßt daher nicht zur Voraussetzung. Man folgert aber unter der Voraussetzung richtig, daß der Irrtum nicht selbst eine Sünde ist, wie es zum

Beispiel durch Unkenntnis einer Sachlage geschieht. Kommt der Irrtum aber aus Unkenntnis des Rechts, dann ist der Schluß falsch, weil die Unkenntnis selbst eine Sünde ist. So wird nämlich vor einem weltlichen Richter nicht freigesprochen, wer sich auf Unkenntnis eines Gesetzes beruft, das er kennen muß.

ZUM SECHSTEN ARGUMENT ist zu sagen: Zwar gibt es im natürlichen Verstand etwas, von dem aus der Mensch zum Gegenteil dessen gelangen kann, was das irrige Gewissen vorschreibt, ob es sich nun um einen Irrtum über wertneutrale Dinge handelt oder um einen solchen über an sich Böses. Dennoch spricht der natürliche Verstand in der konkreten Situation (*actu*) nicht. Wenn er nämlich das Gegenteilige sagte, würde das Gewissen nicht irren.

ZUM SIEBENTEN ARGUMENT ist anzumerken: Obgleich eine wertneutrale Handlung sich so, wie sie in sich ist, zu beidem, Gutem und Bösem, gleich verhält, bleibt sie doch für den, der glaubt, diese Handlung falle unter ein Gebot, wegen seiner Einschätzung nicht wertneutral.

ZUM ACHTEN ARGUMENT ist zu sagen, daß derjenige, der das Gewissen danach hat, Unzucht zu treiben, nicht schlechthin ausweglos verstrickt ist, weil er anderes tun kann, wodurch er nicht in Sünde fällt, nämlich das irrige Gewissen ablegen. Er ist aber ausweglos verstrickt in einer bestimmten Hinsicht, nämlich wenn und solange das irrige Gewissen andauert. Und die Meinung ist nicht unzutreffend, daß der Mensch, wenn man einen bestimmten Umstand unterstellt, die Sünde nicht meiden könne. Wenn man zum Beispiel die Absicht unterstellt, eitlen Ruhm zu erwerben, kann derjenige, der gehalten ist, Almosen zu geben, der Sünde nicht ausweichen: Wenn er nämlich aus solcher Absicht gibt, sündigt er; wenn er aber nicht gibt, übertritt er das Gebot.

ZUM NEUNTEN ARGUMENT ist zu bemerken: Wann immer das irrende Gewissen anweist, etwas zu tun, weist es das unter dem Gesichtspunkt des Guten an, gleichsam als Werk der Gerechtigkeit oder eines der Mäßigung, und so auch mit den anderen Gütern. Deshalb gerät der, der das irrige Gewissen übergeht, in ein Laster hinein. Es ist jener Tugend entgegengesetzt, unter deren Anschein sein Gewissen das vorschreibt. Ob es nun im Hinblick auf ein göttliches Gebot so entschieden hat oder ob nur im Hinblick auf das Gebot eines geistlichen Oberen – der Mensch fällt in die Sünde des Ungehorsams, wenn er das Gewissen übergeht.

Fünfter Artikel
FÜNFTENS FRAGT SICH, OB DAS GEWISSEN BEI WERTNEUTRALEN ENTSCHEIDUNGEN MEHR ODER WENIGER BINDET ALS DIE VORSCHRIFT EINES GEISTLICHEN OBEREN. ES SCHEINT, ALS BINDE ES WENIGER.

1. Der Untergebene in einer religiösen Gemeinschaft gelobt, seinem geistlichen Oberen gehorsam zu sein. Aber er ist gehalten, sein Gelübde zu erfüllen, wie es in Ps. 76,12 heißt: »Gelobt und haltets auch«. Folglich sieht es so aus, als müsse man dem geistlichen Oberen auch gegen das Gewissen Folge leisten; und also dem Oberen mehr als dem Gewissen.

2. Außerdem ist einem geistlichen Oberen in den Dingen, die nicht gegen Gott sind, immer zu folgen. Aber die wertneutralen Entscheidungen sind nicht gegen Gott. Also ist man in diesen gehalten, dem geistlichen Oberen zu gehorchen, und es ergibt sich das zuvor Vermutete.

3. Außerdem soll man der höheren Macht eher gehorchen als der niederen, wie in der Glosse [glossa ordinaria] zu Röm. 13,2 bemerkt wird. Aber die Seele des geistlichen Oberen ist höher

als die Seele des Untergebenen. Also wird der Untergebene durch den Befehl des geistlichen Oberen mehr gebunden als durch sein eigenes Gewissen.

4. Außerdem darf der Untergebene über eine Vorschrift des Oberen nicht urteilen; sondern es muß eher der Obere über die Handlungen des Untergebenen richten. Nun würde aber der Untergebene doch über die Vorschrift des Oberen richten, wenn er um seines Gewissens willen von dessen Forderung abwiche. Also ist, wenn das Gewissen in wertneutralen Situationen gegenteilig entscheiden sollte, eher an dem Gebot des geistlichen Oberen festzuhalten.

ABER DAGEGEN SPRICHT: Eine geistliche Fessel ist stärker als eine körperliche und eine innere stärker als eine äußere. Aber das Gewissen ist die geistliche innere Fessel, das Verhältnis der Über- und Unterordnung dagegen die körperliche und äußerliche Fessel, weil jede geistliche Würde durch ein weltliches Amt ausgeführt wird. Deshalb wird diese Würde, wenn sie in die Ewigkeit eingeht, ihrer Bestimmung entleert sein, wie die Glosse [glossa ordinaria] zu 1. Kor. 15,24 sagt. Folglich scheint es, daß man dem Gewissen mehr gehorchen müsse als einem Oberen.

ANTWORT: Man kann sagen, daß die Lösung zu dieser Frage ausreichend klar aus dem, was oben im 3. Artikel dieser Frage angeführt wurde, abgeleitet werden kann.
Es ist ja oben schon festgestellt worden, daß das Gewissen nur durch die Kraft des göttlichen Gebotes bindet, ob es dem geschriebenen Gesetz oder dem eingegebenen Naturgesetz folgt. Die Bindung durch das Gewissen mit der Bindung durch die Vorschrift eines geistlichen Oberen zu vergleichen ist

nämlich nichts anderes, als die Bindung durch das göttliche Gebot mit der Bindung durch das Gebot des Oberen zu vergleichen. Von daher wird auch, weil das göttliche Gebot gegen das Gebot des geistlichen Oberen verpflichtet und stärker bindet als dieses, die Bindung durch das Gewissen stärker sein als die Bindung durch das Gebot eines Oberen, und das Gewissen wird binden, auch wenn es eine gegensätzliche Vorschrift eines Oberen gibt.

Allerdings verhält sich das beim rechten und beim irrenden Gewissen nicht gleich. Das richtige Gewissen verpflichtet nämlich schlechthin und vollkommen gegen das Gebot des Oberen. Schlechthin, weil seine Auflage nicht aufgehoben werden kann, denn ein solches Gewissen kann man nicht ohne Sünde ablegen. Vollkommen aber, weil das richtige Gewissen nicht nur in dem Sinne bindet, daß der, der ihm nicht folgt, eine Sünde begeht, sondern auch so, daß der, der ihm folgt, frei von Sünde ist, sobald die Vorschrift des geistlichen Oberen gegensätzlich ausfällt.

Aber das irrende Gewissen bindet in wertneutralen Situationen auch gegen die Vorschrift des geistlichen Oberen nur in einer bestimmten Hinsicht und unvollkommen. In einer bestimmten Hinsicht, weil es nicht in jedem Fall verpflichtet, allerdings unter der Bedingung seines Andauerns: denn ein Mensch kann und muß ein solches Gewissen ablegen. Unvollkommen aber, weil es insofern bindet, als der Mensch, der ihm nicht folgt, eine Sünde begeht; aber nicht in dem Maße, daß derjenige, der ihm folgt, die Sünde vermeidet: wenn nämlich die Vorschrift des geistlichen Oberen gegensätzlich ist und wenn das Gewissen ihn trotz allem auch auf jene wertneutrale Vorschrift des Oberen verpflichtet. In diesem Fall sündigt er nämlich: entweder, weil er gegen sein Gewissen handelt, indem er nicht tut, was das Gewissen ihm vorschreibt; oder, weil er dem geistlichen Oberen ungehorsam ist, indem er es tut. Mehr sündigt er aber, wenn er, obgleich das Gewissen bestehenbleibt, nicht tut, was es vorschreibt, weil es stärker bindet als das Gebot eines Oberen.

ZUM ERSTEN ARGUMENT ist zu sagen, daß derjenige, der Gehorsam gelobt, gehalten ist, in dem zu gehorchen, worauf das Gut des Gehorsams sich erstreckt. Weder wird er von dieser Verpflichtung durch einen Irrtum des Gewissens befreit, noch kann er sich umgekehrt durch diese Verpflichtung aus der Bindung durch das Gewissen lösen. Und deshalb bleibt in ihm eine doppelte und widersprüchliche Verpflichtung. Davon ist eine, und zwar die des Gewissens, größer, weil sie stärker ist, und zugleich kleiner, weil sie eher lösbar ist. Mit der anderen Verpflichtung ist es umgekehrt. Die Gehorsamspflicht gegenüber einem Oberen kann man nämlich nicht lösen, wie man ein irriges Gewissen ablegen kann.

ZUM ZWEITEN ARGUMENT ist zu sagen, daß jene Handlung, obwohl sie durch sich selbst wertneutral ist, dennoch wegen der Gewissensentscheidung nicht wertneutral bleibt.

ZUM DRITTEN ARGUMENT ist zu sagen: Wenn auch der geistliche Würdenträger höher ist als der Untergebene, so ist doch Gott über dem Würdenträger, und das Gewissen bindet mit Blick auf Gottes Gebot.

ZUM VIERTEN ARGUMENT ist zu sagen, daß ein Untergebener nicht über das Gebot eines Oberen zu urteilen hat, aber über die Erfüllung des Gebotes, die von ihm abhängt. Jeder Mensch ist gehalten, seine Handlungen an dem Wissen zu überprüfen, das er von Gott hat – sei es natürliches, erworbenes oder eingegossenes Wissen. Und jeder Mensch muß nach seinem Verstand handeln.

Der heilige Lukas schreibt uns in seinem Evangelium: »Ein Mensch hatte ein Abendessen oder ein Abendmahl bereitet«. Wer bereitete es? Ein Mensch. Was bedeutet es, daß er es ein Abendessen nennt? Ein Meister spricht nämlich, daß es eine große Liebe bedeutet, weil Gott das Abendessen niemandem überläßt, der ihm nicht vertraut wäre.

Zweitens zeigt er, wie rein diejenigen sein sollen, denen dieses Abendessen zuteil wird. Nun wird es niemals Abend, es sei denn zuvor ein ganzer Tag gewesen. Wäre die Sonne nicht, so würde es niemals Tag. Wenn die Sonne aufbricht, das ist das Licht des Morgens; danach leuchtet sie dann stärker und stärker, bis der Mittag kommt. Ebenso, auf die gleiche Weise, bricht das göttliche Licht in der Seele auf, die Kräfte der Seele stärker und stärker zu erleuchten, bis ein Mittag wird. Auf keine Weise wird es jemals geistig Tag in der Seele, sie habe denn ein göttliches Licht empfangen.

Drittens bedeutet er damit: Wer dieses Abendessen würdig empfangen mag, der soll am Abend kommen. Wenn das Licht von dieser Welt herabfällt, dann ist es Abend. Nun spricht David [Ps. 67,5]: »Er klimmt im Abend aufwärts, und sein Name ist DER HERR«. Wie Jakob: Als es Abend war, da legte er sich nieder und schlief. Das meint Ruhe der Seele.

Viertens bedeutet es, wie der heilige Gregorius [Hom. in Evang. II,36,2] spricht, daß nach dem Abendessen keine andere Speise mehr ergeht. Wem immer Gott diese Speise gibt: Sie ist so süß und so erlesen, daß es den nie mehr nach einer andern Speise gelüstet. Der heilige Augustinus spricht [I Conf. 1]: »Gott ist ein Was von solcher Art, daß der, der es begreift, auf nichts anderem jemals mehr ruhen kann«. Der heilige Augustinus sagt [XIII Conf. 8]: »Herr, nimmst du dich uns, so gib uns dein anderes Ich, oder wir ruhen nie mehr: Wir wollen nichts anderes als dich«. Nun spricht ein Heiliger von einer Seele, die Gott liebt, daß sie Gott in alles zwingt, was sie will, und ihn ganz und gar betört, so daß er ihr alles, das er ist, nicht versagen kann. Er nahm sich auf die eine Weise und gab sich auf eine andere Weise. Er nahm sich, den Gott und den Menschen, und gab sich, den Gott und Menschen: sein anderes Ich in einem verhüllten Mantel. Sehr Heiliges läßt man nicht leicht ungeschützt berühren oder besehen. Deshalb hat er sich mit dem Gewand des Gleichnisses mit dem Brot bekleidet, weil diese leibliche Speise in meiner Seele auf dem gleichen Weg gewandelt wird, so daß kein Winkelchen in meiner Natur ist, das sich nicht damit vereint. Denn es gibt eine Kraft in der Natur, die das Gröbste abscheidet und es hinauswirft; aber das Edelste trägt sie hinauf, so daß nirgends auch nur so viel wie eine Nadelspitze ist, das nicht damit vereint würde. Was ich vor vierzehn Tagen aß, das ist so eins mit meiner Seele wie das, was ich in meiner Mutter Leib empfing. So geht es auch dem, der diese Speise rein empfängt: Er wird so wahrhaftig eins mit ihr, wie Fleisch und Blut mit meiner Seele eins sind.

Es war ein Mensch, und der Mensch hatte keinen Namen, denn der Mensch ist Gott.

Nun sagt ein Meister [Lib. De causis 6] von der ersten Ursache, daß sie über den Worten sei. Diesen Mangel hat die Sprache an sich. Das kommt vom Übermaß der Reinheit des göttlichen Seins. Man kann von den Dingen nur in dreierlei Weise reden: erstens davon, was über den Dingen ist, zweitens davon, was den Dingen gleich ist, drittens davon, was die Dinge bewirken. Ich will dafür ein Beispiel anführen. Wenn die Kraft der Sonne den edelsten Saft aus der Wurzel hinauf in die Äste zieht und ihn zur Blüte werden läßt, ist die Kraft der Sonne immer noch darüber. In diesem Sinne sage ich, daß das göttliche Licht in der Seele wirkt. Worin die Seele Gott ausspricht, das trägt doch in sich nichts von der eigentlichen Wahrheit seines Seins. Es kann von Gott niemand eigentlich sagen, was er ist. Manchmal sagt man: Ein Ding ist einem Ding gleich. Weil nun alle Geschöpfe von Gott so wenig in sich einschließen, daß es nur ein Etwas ist, deshalb können sie ihn auch nicht offenbaren. Wenn ein Maler ein vollkommenes Bildnis gemacht hat, mißt man seine Kunst daran. Aber letztlich kann man sie daran nicht recht messen. Alle Geschöpfe können Gott nicht ausdrücken, denn sie sind nicht empfänglich dafür, was er ist. Der Gott und Mensch hat das Abendessen bereitet, der unaussprechbare Mensch, für den es kein Wort gibt. Der heilige Augustinus spricht [De trin. VIII,2,3]: »Was man über Gott sagt, das ist nicht wahr, und was man über ihn nicht sagt, das ist wahr. Was immer man sagt, das Gott sei, das ist er nicht; was man nicht über ihn sagt, das ist er eigentlicher als das, wovon man sagt, es sei Gott«.

Wer hat dieses Mahl bereitet? Ein Mensch: Der Mensch, der da Gott ist. Nun spricht König David [Ps. 30,20]: »O Herr, wie groß und mannigfalt ist dein Mahl und der Geschmack der Süße, die denen bereitet ist, die dich lieben, nicht denen, die dich fürchten«. Der heilige Augustinus [VII Conf. 10,16] dachte an diese Speise; da erschauerte er, und sie schmeckte ihm nicht. Da hörte er bei sich eine Stimme von oben: »Ich bin eine Speise der Großen, wachse und werde groß und iß mich. Du darfst aber nicht glauben, daß ich in dich verwandelt werde; du wirst in mich verwandelt werden«. Wenn Gott in der Seele wirkt, dann wird in dem Brand der Hitze geläutert und hinausgeworfen, was in der Seele ist, das ihm nicht gleicht. Bei der reinen Wahrheit! Die Seele tritt mehr in Gott ein, als irgendeine Speise in uns eintritt. Noch mehr: Dies verwandelt die Seele in Gott. Und eine Kraft ist in der Seele, die spaltet das Gröbste ab und wird mit Gott vereint: Das ist das Fünklein der Seele. Meine Seele wird noch mehr eins mit Gott als die Speise mit meinem Leib.

Wer hat dieses Mahl bereitet? Ein Mensch. Weißt du, wie sein Name ist? Der Mensch, der unausgesagt bleibt. Dieser Mensch sandte seinen Knecht aus. Nun sagt der heilige Gregorius [Hom. in Ev. 36,2], dieser Knecht, das sind die Prediger. In einem anderen Sinne sind der Knecht die Engel. Drittens ist, wie mir scheint, der Knecht das Fünklein der Seele, das da von Gott geschaffen ist, und es ist ein Licht, oben eingeprägt, und ist ein Abbild der göttlichen Natur, das immerzu alledem, was nicht göttlich ist, widerstrebt; und es ist keine Kraft der Seele, wie einige Meister lehrten, und ist unter allen Umständen zum Guten geneigt. Noch in der Hölle ist es zum Guten geneigt. Die Meister sagen: Das Licht steht in der Weise für die Natur, daß ihm stets ein Streben eigen ist. Es heißt *sinderesis*, das bezeichnet soviel wie: ein Anhaften und ein Abkehren. Es hat zwei Aufgaben. Gewissensbisse gegenüber dem, was nicht rein ist, sind die eine Aufgabe. Die andere Aufgabe besteht darin, daß es immer das Gute anstrebt, und das ist der Seele unmittelbar eingeprägt, auch denen noch, die in der Hölle sind. Darum ist es ein großes Abendessen.

179

Nun sprach er zu dem Knecht: »Geh hinaus und heiß sie kommen, die da geladen sind. Alles ist nun bereitet«. Alles, was er selbst ist, das nimmt die Seele. Was auch die Seele begehrt, es ist jetzt bereitet. Was Gott gibt, das ist stets von neuem geworden. Sein Werden ist jetzt neu und frisch und ist jedes Mal in einem ewigen Jetzt. Ein großer Meister spricht: Was ich jeweils sehe, wird geläutert und in meinen Augen vergeistigt, und das Licht, das in mein Auge kommt, käme doch niemals in die Seele, wenn die Kraft nicht wäre, die über ihr ist. Der heilige Augustinus spricht, daß das Fünklein näher an der Wahrheit ist als alles, was der Mensch lernen kann. Ein Licht brennt aber. Nun heißt es, eines werde vom andern entzündet. Wenn das geschehen soll, dann muß es notwendig so sein, daß das oben ist, was brennt. Wenn zum Beispiel jemand eine Kerze nähme, die erloschen wäre und noch glimmen und qualmen würde, und höbe sie der brennenden entgegen, so würde das Licht herunterzüngeln und die andere entzünden. Man sagt, daß ein Feuer das andere entzünde. Dem widerspreche ich. Ein Feuer kann sich sehr wohl selbst entzünden. Das ein anderes zum Brennen bringen soll, das muß über ihm sein, wie der Himmel nicht brennt und kalt ist; dennoch läßt er das Feuer beginnen zu brennen, und das geschieht durch die Berührung des Engels. Ebenso bereitet sich die Seele in geistlicher Übung. Dadurch wird sie von oben her angefacht. Das kommt durch das Licht des Engels.

Nun sagt er zu dem Knecht: »Geh hinaus und heiß sie kommen, die da geladen sind; alles ist nun bereitet«. Da sprach der eine: »Ich habe ein Dorf gekauft, ich kann nicht kommen«. Das sind die Leute, die noch mit Sorge an irgendwelchen Dingen kleben, die werden diese Abendspeise nie essen. Der andere sprach: »Ich habe fünf Joch Rinder gekauft«. Den fünf Joch scheint mir eigen, daß sie zu den fünf Sinnen gehören, denn jeder Sinn ist doppelt, und die Zunge besteht in sich aus zwei Teilen. Wie ich vorgestern sagte, sprach deshalb die Frau, als Gott [vgl. Joh. 16–18] zu ihr sagte »Bring mir deinen Mann«: »Ich habe keinen«. Da sagte er: »Für jetzt hast du recht. Du hast aber fünf gehabt, und den du zur Zeit hast, der ist nicht dein Mann«. Das heißt: Die nach den fünf Sinnen leben, wahrlich, die essen diese Speise nie. Der dritte sprach: »Ich habe eine Frau genommen, ich kann nicht kommen«. Die Seele ist immer dann Mann, wenn sie zu Gott gewandt ist. Wenn die Seele niedergeht, dann heißt sie Frau. Aber dann, wenn man Gott erkennt, wie er in sich ist, und Gott zuhaus aufsucht, dann ist sie Mann. Nun war im Alten Bund verboten, daß sich ein Mann Frauenkleider anlegte oder eine Frau Männerkleider. Sie ist dann Mann, wenn sie einfach, unvermittelt, in Gott eindringt. Aber wenn sie irgendetwas draußen anschaut, dann ist sie Frau. Da sprach der Herr: »Fürwahr! Sie essen meine Speise niemals mehr«, und sagte zu dem Knecht: »Geh hinaus zu den engen und weiten Gassen und zu den Zäunen und zu den breiten Straßen«. Je enger, desto weiter. »Zu den Zäunen«. Einige Kräfte sind auf einen Ort begrenzt. Die Kraft, mit der ich sehe, mit der höre ich nicht, noch sehe ich mit der, mit der ich höre. So verhält es sich auch mit den anderen. Dennoch ist die Seele ganz in einem jeden Körperteil. Aber manche Kraft ist an keinen Ort gebunden.

Was ist nun der Knecht? Das sind die Engel und die Prediger. Aber ich denke, der Knecht ist das Fünklein. Nun sprach er zu dem Knecht: »Geh hinweg zu den Zäunen und treib diese viererlei Leute hierher: Blinde und Lahme, Sieche und Kranke. Fürwahr! Niemals wird jemand sonst meine Speise essen«. Daß wir aber jene drei [Vorwände] abwerfen und so Mann werden, dazu helfe uns Gott. Amen.

MARQUARD VON LINDAU
DAS BUCH DER ZEHN GEBOTE

Aus der Erklärung des 3. Gebotes

DER JÜNGER FRAGT ABERMALS DEN MEISTER:
Nun sag mir noch eines, so will ich es dann von der
Beichte genug sein lassen. Ich wüßte gern hierfür
den Grund: daß bisweilen, wenn wir, ob ich oder
andere Leute auch, gebeichtet haben, uns danach
die Sünden noch mehr peinigen und wir geradezu
denken, wir haben die Sünde nicht richtig gebeichtet.
DA ANTWORTET DER MEISTER UND SPRICHT:
Wisse, daß manche Pein von den bösen Geistern
kommt und daß der böse Geist das Herz des Menschen damit friedlos machen will. Weiter geschieht
es auch oft durch den heiligen Geist, wenn der
Mensch vielleicht nicht durch und durch klar gebeichtet hatte, wie er es sollte. Und der heilige Geist
fordert damit, daß man das noch einmal beichte.
Und zuletzt geschieht es auch oft durch ein irrendes
Gewissen. Darum sollen diese Menschen sich sorg-
fältig bedenken und mit gesammeltem Gemüt zum
Beichtiger gehen. Bedünkt es sie danach sehr, daß
sie nicht richtig gebeichtet hätten, dann sollen sie
dem Bedünken nicht Genüge tun, weil sie dadurch
um so friedloser werden. Darum sollen sie es als
eine Anfechtung so lange leiden, bis Gott das von
ihnen nimmt.

So wird auch Gott alle nach ihren innersten Gedanken richten und unser Innerstes entblößen, so daß es keinen Ort gibt, noch tiefer nach innen zu flüchten. Sondern notgedrungen wird das Innerste vor allen bloß und offen da sein, so als spräche Gott: »Siehe, nicht ich richte dich, sondern ich pflichte deinem Urteil über dich selbst bei und bekräftige es; da du über dich nicht anders urteilen kannst, kann daher auch ich es nicht«. Folglich verdienst du nach dem Zeugnis deiner Gedanken und deines Gewissens entweder den Himmel oder die Hölle.

MARTIN LUTHER
EINE PREDIGT VON DEM SAKRAMENT DER BUSSE

ERSTENS. Es gibt im Sakrament der Buße zweierlei Vergebung: den Verzicht auf Strafe und die Vergebung der Schuld. Von der ersten Vergebung, dem Verzicht auf Strafe oder auf Genugtuung, ist in dem Sermon von dem Ablaß, der vor längerer Zeit erschienen ist, genug gesagt. An ihm ist nicht soviel gelegen, und er ist unverhältnismäßig niedriger im Rang als die Vergebung der Schuld, die man den göttlichen oder himmlischen Ablaß nennen könnte, den niemand zu geben vermag als der himmlische Gott.

ZWEITENS. Zwischen beiden Arten der Vergebung besteht der Unterschied, daß der Ablaß oder der Verzicht auf Strafe die zur Genugtuung auferlegten Übungen und die auferlegte Mühsal aufhebt und den Menschen äußerlich mit der christlichen Kirche versöhnt. Aber Vergebung der Schuld oder himmlischer Ablaß nimmt die Furcht und Verzagtheit des Herzens gegenüber Gott und macht das *Gewissen* innerlich leicht und froh, versöhnt den Menschen mit Gott, und das heißt eigentlich und zu Recht, die Sünde zu vergeben: daß den Menschen seine Sünden nicht mehr beißen und nicht unruhig machen, sondern daß ihn eine frohe Zuversicht überkommen hat, sie seien ihm von Gott immer und ewig vergeben.

DRITTENS. Wenn der Mensch nicht in sich selbst ein solches *Gewissen* und ein frohes, auf Gottes Gnade gerichtetes Herz findet und fühlt, dann hilft kein Ablaß, wenn er auch alle Briefe und Ablässe erwirbt, die je gegeben wurden, denn ohne Ablässe und Ablaßbriefe kann man selig werden und die Sünde bezahlen oder dafür Genüge tun – durch den Tod. Aber ohne frohes *Gewissen* und leichtes Herz, das auf Gott gerichtet ist, das heißt: ohne Vergebung der Schuld, kann niemand selig werden. Und viel besser wäre, daß man keinen Ablaß erwirbt, als daß man diese Vergebung der Schuld vergißt und sie nicht zuallererst, täglich und am meisten sucht.

VIERTENS. Zu solcher Vergebung der Schuld und um das Herz über die Sünden zu beruhigen gibt es verschiedene Wege und Weisen. Etliche vermeinen das durch Briefe und Ablässe auszurichten, laufen hin und her, nach Rom und zu St. Jacob,[43] erwerben Ablaß hier und da. Das ist alles umsonst und ein Irrtum. Es wird dadurch viel schlimmer, denn Gott muß selbst die Sünde vergeben und dem Herzen Frieden geben.

Etliche plagen sich mit vielen guten Werken, auch zuviel Fasten und Mühen, so daß einige darüber, daß sie glaubten, auf diesem Weg kraft der Werke ihre Sünden abzulegen und dem Herzen Ruhe zu schaffen, ihre Körper gebrochen und die Köpfe toll gemacht haben. Diese beiden kranken daran, daß sie zuvor gute Werke tun wollen, ehe die Sünden vergeben sind, während doch umgekehrt vorher die Sünden vergeben sein müssen, ehe gute Werke geschehen; und nicht die Werke treiben die Sünde aus, sondern die Austreibung der Sünde tut gute Werke, denn mit frohem Herzen und gutem, zu Gott gewandtem *Gewissen*, das heißt, im Stand der Ver-

---

43 D.h. nach Santiago de Compostela, an den Wallfahrtsort, an dem der hl. Jacobus aus Mark. 15,40 verehrt wird.

gebung der Schuld, können gute Werke geschehen.

FÜNFTENS. Der rechte Weg und die richtige Weise, außer der es keine andere gibt, ist das hochwürdige, gnadenreiche, heilige Sakrament der Buße, welches Gott allen Sündern zum Trost gegeben hat, als er Sankt Peter stellvertretend für die ganze christliche Kirche die Schlüssel gab und sprach Matth. 16: »Was du auf Erden binden wirst, soll gebunden sein im Himmel, und was du lösen wirst auf Erden, soll los sein im Himmel«. Diese heiligen, tröstlichen, gnadenreichen Worte Gottes muß ein jeder Christenmensch innerlich beherzigen und sich mit großer Dankbarkeit einprägen, denn hierin liegt das Sakrament der Buße, Vergebung der Sünden, Trost und Friede des *Gewissens*, alle Freude und Seligkeit des Herzens – gegen alle Sünden, gegen alles Erschrecken des *Gewissens*, gegen Verzweiflung und Anfechtung der Höllenpforten.

SECHSTENS. Nun sind drei Dinge in dem heiligen Sakrament der Buße enthalten. Das erste ist die Absolution. Das sind die Worte des Priesters, die dir anzeigen, sagen und verkünden, daß du frei seist und deine Sünden vor Gott vergeben seien laut und kraft der oben genannten Worte Christi zu St. Peter. Das andere ist Gnade, Vergebung der Sünden, Friede und Trost des *Gewissens*, wie ja auch die Worte lauten. Darum heißt es ein Sakrament, ein heiliges Zeichen, daß man die Worte äußerlich hört, die da inwendig die geistlichen Güter bedeuten, von denen das Herz getröstet wird und Frieden findet. Das dritte ist der Glaube, der da fest dafürhält, daß die Absolution und die Worte des Priesters wahr sind laut und kraft der Worte Christi: »Was du lösest, soll los sein« etc. Und es hängt alles miteinander vom Glauben ab, der allein macht, daß die Sakramente wirken, was sie bedeuten, und alles wahr wird, was der Priester sagt, denn wie du glaubst, so geschieht dir. Ohne diesen Glauben ist alle Absolution und sind alle Sakramente umsonst, ja sie schaden mehr, als sie nutzen. Deshalb gibt es einen verbreiteten Grundsatz der Kirchenlehrer: Nicht das Sakrament, sondern der Glaube, der das Sakrament glaubt, befreit von der Sünde. Sankt Augustin sagt: »Das Sakrament tilgt die Sünde nicht darum, daß es geschieht, sondern darum, daß man ihm glaubt«.[44] Deshalb soll man in dem Sakrament besonders auf den Glauben achten, statt ihn weiter herabsetzen zu wollen.

SIEBENTENS. Daraus folgt zum ersten, daß die Vergebung der Schuld und der himmlische Ablaß niemandem gegeben wird, weil seine Reue über die Sünde dessen wert sei, noch wegen der Werke der Wiedergutmachung, sondern allein wegen des Glaubens an das Versprechen Gottes: »Was du lösest, soll los sein« etc. Obgleich die Reue und die guten Werke nicht gemindert werden sollen, ist doch auf sie in keiner Weise zu bauen, sondern allein auf die sicheren Worte Christi, der dir zusichert: Wenn dich der Priester löst, sollst du los sein. Deine Reue und deine Werke können dich trügen, und der Teufel wird sie recht bald umstoßen im Tod und in der Anfechtung. Aber Christus, dein Gott, wird dich nicht belügen und nicht wanken, und der Teufel wird ihm seine Worte nicht umstoßen; und baust du darauf mit einem festen Glauben, so stehst du auf dem Fels, gegen den die Pforten und alle Gewalt der Hölle nicht bestehen können.

ACHTENS folgt daraus weiter, daß die Vergebung der Schuld auch weder auf des Papstes, Bischofs, Priesters noch auf irgendeines Menschen Amt oder Gewalt auf Erden beruht, sondern allein auf dem Wort Christi und deinem eigenen Glauben, denn er hat unseren Trost, unsere Seligkeit, unsere Zuver-

---

44 Tract. In Evang. Ioannis 80,3, CC Ser. lat. Bd. 36 S. 529.

sicht nicht auf Menschenwort oder Menschentat bauen wollen, sondern allein auf sich selbst, auf seine Worte und Taten. Die Priester, Bischöfe, Päpste sind nur Diener, die dir das Wort Christi vor Augen halten. Darauf sollst du dich einlassen und sollst darauf vertrauen mit festem Glauben wie auf einen festen Felsen, dann wird dich das Wort bewahren, und deine Sünden können so vergeben werden. Deshalb sind die Worte auch nicht um der Priester, Bischöfe und um des Papstes willen zu ehren, sondern die Priester, Bischöfe und der Papst um des Wortes willen, als diejenigen, die dir deines Gottes Wort und Botschaft bringen, du seiest von den Sünden befreit.

NEUNTENS folgt außerdem, daß in dem Sakrament der Buße und Vergebung der Schuld ein Papst oder Bischof nicht mehr tut als der geringste Priester. Ja, wo kein Priester ist, tut ein jeder Christenmensch ebensoviel, auch wenn es ein Weib oder Kind wäre. Denn wenn dieser Christenmensch zu dir sagen kann: »Dir vergibt Gott deine Sünde. In dem Namen« etc., und du kannst das Wort mit einem festen Glauben empfangen, als spreche Gott es zu dir, dann bist du gewiß durch diesen Glauben absolviert, so ganz und gar hängt alles vom Glauben an Gottes Wort ab. Denn der Papst, Bischof, Priester können zu deinem Glauben nichts tun. So vermag auch keiner besser Gottes Wort zu führen als ein anderer. Denn das für alle gesprochene Wort, das er zu Petrus sagt: »Was du lösest, das soll los sein«, kann ihnen allen Absolution sein, ja, alle Absolution ist notwendig darin inbegriffen. Doch soll man sich der Obrigkeit unterordnen und sie nicht verachten, aber so, daß man, was das Sakrament und seine Wirkung angeht, nicht fehlgehe, als wäre es besser, wenn ein Bischof oder Papst es gäbe, als dann, wenn es ein Priester oder Laie gäbe. Denn wie eines Priesters Messe und Taufe und Darreichung des heiligen Leibs Christi ebensoviel gilt, als täten es der Papst oder Bischof selbst, so auch die Absolution, das ist das Sakrament der Buße. Daß sie sich aber vorbehalten, einige Fälle selbst zu absolvieren, macht ihr Sakrament nicht größer oder besser, sondern das ist ebenso, als würden sie einem bestimmten Personenkreis die Messe, die Taufe oder dergleichen vorbehalten, aus einer Ursache, von der Taufe und Messe nicht abhängen.

ZEHNTENS. Glaubst du dem Wort des Priesters, wenn er dich absolviert (das heißt, daß er dich in Christi Namen und durch die Kraft seiner Worte erlöst und spricht: »Ich löse dich von deinen Sünden«), dann sind die Sünden darum auch gewiß abgetan vor Gott, vor allen Engeln und allen Kreaturen; nicht um deinetwillen, nicht um des Priesters willen, sondern um des wahrhaftigen Wortes Christi willen, der dich nicht belügen kann, wenn er spricht: »Was du lösest, soll los sein«. Und wenn du nicht glaubst, daß deine Sünden tatsächlich vergeben und abgetan sind, dann bist du ein Heide, ein Unchrist und glaubst deinem Herrn Christo nicht. Das ist die allerschwerste Sünde gegen Gott. Und geh beileibe nicht zum Priester, wenn du seiner Absolution nicht glauben willst; du schaffst dir großen Schaden mit deinem Unglauben. Denn mit solchem Unglauben machst du deinen Gott zum Lügner, der dir durch seinen Priester sagt: »Du bist frei von Sünden«, und du sprichst: »Ich glaub's nicht« oder »Ich zweifle daran«, gerade, als wärest du sicherer in deinem Bedenken als Gott in seinen Worten, da du doch alles Bedenken lassen sollst und dem Wort Gottes, gesprochen durch den Priester, stattgeben mit unverändertem Glauben. Denn wenn du zweifelst, ob deine Absolution Gott genehm sei und ob du deiner Sünden entbunden seiest, heißt das nichts anderes, als würdest du sagen: »Christus hat nicht die Wahrheit gesprochen, und ich weiß nicht, ob ihm seine eigenen Worte angenehm sind, wenn er zu Petrus sagt: ›Was du lösest, soll los sein‹«. O Gott, behüte alle Menschen vor solchem teuflischem Unglauben!

ELFTENS. Wenn du von den Sünden absolviert bist, ja wenn dich im *Gewissen* deiner Sünde[45] ein rechtschaffener Christenmensch tröstet, ein Mann oder Weib, jung oder alt, dann sollst du das mit solchem Glauben aufnehmen, daß du dich eher zerreißen lassen würdest, mehrfach töten lassen, ja alle Kreatur verleugnen, ehe du daran zweifeltest, daß es vor Gott ebenso sei. Denn es ist uns doch ohnedies geboten, an Gottes Gnade zu glauben und zu hoffen, daß unsere Sünden uns vergeben sind. Um wieviel mehr sollst du das dann glauben, wenn er dir davon ein Zeichen gibt durch einen Menschen. Es gibt keine größere Sünde, als daß man den Artikel Vergebung der Sünden nicht glaubt, den wir doch beten im täglichen Credo. Und diese Sünde heißt die Sünde gegen den heiligen Geist, die alle andere Sünde stärkt und bewirkt, daß sie in ewigen Zeiten nicht vergeben werden kann. Drum siehe, was für einen gnädigen Gott und Vater wir haben, der uns nicht allein Sündenvergebung zusichert, sondern auch bei Strafe der allerschwersten Sünde gebietet, wir sollen glauben, daß die Sünden vergeben seien, und uns mit diesem Gebot zum frohen *Gewissen* drängt und uns bei Strafe schrecklicher Sünde von den Sünden und den bösen *Gewissenslagen*[46] wegtreibt.

---

45 Luther verwendet die syntaktische Fügung *yn deyner sund gewissen* in dem Sinn »sittliches Mitwissen und Bewußtsein von deiner Sünde«, wie er bei Bonaventura und Thomas ganz geläufig ist.

46 Luther schreibt *von den... boeßen gewissen*. Er meint diesmal also das jeweilige sittliche Bewußtsein von der Einzeltat, den traditionellen *conscientia*-Begriff, während sein *froelich gewissen* nicht restlos in der traditionellen *conscientia bona*

ZWÖLFTENS gibt es etliche, die uns gelehrt haben: Man soll und muß der Absolution ungewiß sein und zweifeln, ob wir in Gnade aufgenommen und ob die Sünden vergeben seien, weil wir nicht wissen, ob die Reue ausreichend sei oder für die Sünde Genugtuung geschehen sei. Dieser Ungewißheit wegen könnte auch der Priester keine angemessene Buße verlangen. Hüte dich vor diesen verführerischen unchristlichen Schwätzern. Der Priester muß über deine Reue und über deinen Glauben zwangsläufig im Ungewissen sein, davon hängt auch nichts ab. Es ist ihm genug, daß du beichtest und Absolution begehrest; die soll er dir geben und ist sie dir schuldig. Wohin die aber ausschlagen werde, soll er Gott und deinem Glauben anbefohlen sein lassen.

Du sollst aber nicht erst erörtern, ob deine Reue ausreiche oder nicht, sondern dessen gewiß sein, daß, wie sehr du dich auch bemühst, deine Reue noch nicht ausreicht, und darum zu Gottes Gnade fliehen, sein Wort, das ja sicher genug ist, im Sakrament hören, mit freiem, frohem Glauben aufnehmen und gar nicht zweifeln, daß du in den Stand der Gnade gelangt bist, nicht durch deine Verdienste oder deine Reue, sondern durch seine gnädige göttliche Barmherzigkeit, die dir rein geschenkte Vergebung der Sünde zusichert, anbietet und gewährt, damit du so nicht auf dich oder dein Tun, sondern auf deines lieben Vaters im Himmel Gnade und Barmherzigkeit Glanz häufen und darauf stolz sein lernst gegen alle Anfechtung der Sünde, des *Gewissens* und der Teufel. Danach nur zu: Bereue um so mehr und mache soviel gut, wie du kannst, laß nur diesen reinen Glauben an die unverdiente Vergebung, die in Worten Christi zugesagt ist, vorangehen und Hauptmann im Feld bleiben.

---

aufgeht, weil es nicht über Handlungskontrolle definiert wird.

DREIZEHNTENS. Die aber erst Frieden haben wollen, wenn sie der Meinung sind, sie haben genügend bereut und genügend gute Werke getan: Dafür, daß sie Christum Lügen strafen und sich gegen den heiligen Geist versündigen und dazu das hochwürdige Sakrament der Buße unwürdig behandeln, bekommen sie ihren verdienten Lohn, nämlich daß sie auf Sand bauen und sich selbst mehr als Gott vertrauen. Daraus muß sich eine Unruhe des *Gewissens* ergeben, die größer und größer wird; auch daß man vergeblich nach unmöglichen Dingen strebt, vergebens Halt und Trost sucht und niemals findet, bis das Ende solcher Verkehrung folgt: die Verzweiflung und ewige Verdammnis. Denn was versuchen sie anderes, als durch ihr Tun Gewißheit erlangen zu wollen, gleichsam als wollten sie mit ihren Werken Gottes Wort bekräftigen, durch welches sie im Glauben bekräftigt werden sollten, und sie unternehmen es, den Himmel zu unterstützen, an dem sie sich halten sollten. Das heißt, daß man Gott nicht barmherzig sein lassen und ihn nur als einen Richter ansehen will, als wolle er nichts umsonst geben, es sei denn, es wäre ihm zuvor bezahlt worden, obgleich wir doch im ganzen Evangelium nicht von einem lesen, von dem er etwas anderes gefordert hätte als den Glauben, und obgleich er alle seine Wohltat den Unwürdigen ohne Gegenleistung und aus reiner Gnade erzeigt und ihnen danach aufgetragen hat, wohlgefällig zu leben und in Frieden hinzugehen etc.

VIERZEHNTENS. Gesetzt selbst, daß ein Priester im Irrtum oder in Sünde oder leichtfertig sei in seinem Absolvieren. Wenn du nur einfach die Worte empfängst und glaubst, sofern du seinen Irrtum oder seine Verstrickung nicht kennst oder beachtest, so bist du dennoch absolviert und hast das Sakrament ganz. Denn wie gesagt: Es hängt nicht vom Priester ab, nicht von deinem Tun, sondern ganz von deinem

Glauben; soviel du glaubst, soviel hast du. Wenn es möglich wäre, daß du die Reue der ganzen Welt hättest, so wäre es ohne diesen Glauben doch die Reue des Judas, die Gott mehr erzürnt als versöhnt, denn nichts versöhnt Gott besser, als daß man ihm die Ehre gebe, daß er wahrhaftig und gnädig ist. Das tut niemand, als der seinen Worten glaubt. So lobt ihn David: »Herr, du bist geduldig, barmherzig und wahrhaftig«. Und diese Wahrheit erlöst uns auch von allen Sünden, wenn wir mit dem Glauben an ihr festhalten.

FÜNFZEHNTENS folgt, daß die Schlüsselgewalt und die Macht Sankt Peters keine Macht ist, sondern ein Dienst, und daß die Schlüssel nicht Sankt Peter, sondern dir und mir gegeben sind. Dein und mein sind die Schlüssel, denn Sankt Peter bedarf ihrer nicht in dem Amt eines Papstes oder Bischofs. Auch hat er sie weder nötig, noch zieht er Nutzen daraus, sondern ihre ganze Wirkungsmacht besteht darin, daß sie den Sündern helfen, ihre *Gewissen* zu trösten und zu stärken. So hat Christus verfügt, daß die Gewalt der Kirche Dienstbarkeit sein soll, daß die Geistlichen mit den Schlüsseln in keiner Weise sich selbst, sondern allein uns dienen sollen. Deshalb tut, wie man sieht, der Priester nicht mehr, als ein Wort auszusprechen – dann ist das Sakrament schon da. Und das Wort ist Gottes Wort, so wie er es versprochen hat. Auch hat der Priester genügend Anlaß und Ursache, die Absolution zu geben, wenn er sieht, daß man von ihm die Absolution begehrt. Mehr zu wissen ist er nicht gebunden. Das sage ich, damit man die allergnädigste Kraft der Schlüssel liebhabe und verehre und sie nicht verachte wegen des Mißbrauchs einiger, die nichts anderes tun als bannen, drohen und plagen und aus dieser liebevollen, tröstenden Gewalt lauter Tyrannei machen; die überhaupt nicht wissen, wozu man sie gebrauchen soll, als hätte Christus nur ihren

Willen und ihre Herrschaft mit den Schlüsseln eingesetzt.

SECHZEHNTENS. Damit nicht wieder jemand mich beschuldige, ich verböte gute Werke, so sage ich: Man soll mit allem Ernst Reue und Leid tragen, Beichte ablegen und gute Werke tun. Das bekräftige ich aber, wie ich kann: Daß man den Glauben an das Sakrament das Hauptgut sein lasse und das Erbe, wodurch man Gottes Gnade erlange, und daß man danach viel Gutes tue allein Gott zur Ehre und dem Nächsten zum Nutzen und nicht darum, daß man sich darauf verlassen soll, ausreichend für die Sünde zu bezahlen. Denn Gott gibt ohne Gegenleistung, frei, seine Gnade, so sollen wir ihm auch umgekehrt ohne aufzurechnen, frei dienen. Auch ist alles das, was ich von diesem Sakrament gesagt habe, zu denen gesagt, die betrübt und unruhig sind und die irrige oder erschrockene *Gewissen* haben, die gerne von Sünden frei und rechtschaffen sein wollten und nicht wissen, wie sie es anfangen sollen. Denn diese haben auch wahre Reue, ja zuviel Reue und Kleinmütigkeit. Die tröstet Gott durch den Propheten Jesaja 40: »Prediget den Kleinmütigen und sagt ihnen: ›Consolamini. Seid getrost, ihr Kleinmütigen. Seht, da ist euer Gott‹«. Und Christus in Matthäus 11: »Kommt zu mir, die ihr beladen und mühselig seid, ich will euch trösten« etc. Die Hartmütigen aber, die noch keinen Trost des *Gewissens* begehren, haben diese Qual auch nicht empfunden. Denen ist das Sakrament zu nichts nütze, die muß man zuvor mit dem schrecklichen Gericht Gottes weich und ängstlich machen, daß sie auch jenen Trost des Sakraments suchen und seufzen lernen.

SIEBZEHNTENS. Will man einen in der Beichte fragen, ob er wahre Reue habe oder nicht, oder will einer sich selbst erforschen, das laß ich geschehen; aber doch so, daß niemand je so frech vor Gottes

Augen sei, daß er sage, er habe genügend Reue, denn das ist Vermessenheit und erlogen. Niemand hat genügend Reue über seine Sünde. Auch daß die Nachforschung viel mehr umfasse: ob er dem Sakrament fest glaube, daß ihm seine Sünden vergeben seien, wie Christus sprach zu dem Gichtbrüchigen: »Mein Sohn, glaube, so sind dir deine Sünden vergeben« und zu dem Weib: »Glaube mir, meine Tochter, dein Glaube hat dich gesund gemacht« – ein solches Nachforschen ist ganz selten geworden bei diesem Sakrament, man hat nur mit der Reue, Sünde, Genugtuung und dem Ablaß zu schaffen, so führt immer ein Blinder den andern. Fürwahr: im Sakrament bringt der Priester in seinem Wort Gottes Botschaft von der Vergebung der Sünde und Schuld; darum sollte er wahrlich auch besonders viel fragen und sehen, ob der Mensch für die Botschaft auch empfänglich wäre, der ja niemals auf andere Weise als durch den Glauben und durch Begier nach dieser Botschaft empfänglich werden kann. Sünde und Reue und gute Werke soll man in Predigten behandeln, vor dem Sakrament und der Beichte.

ACHTZEHNTENS. Es kommt vor, daß Gott einen Menschen die Vergebung der Schuld nicht empfinden läßt, und das Zappeln und die Unruhe des *Gewissens* nach dem Sakrament bleibt wie zuvor. Hier ist mit Bedacht vorzugehen, denn der Mangel liegt im Glauben begründet. Es ist nicht möglich, daß das Herz nicht froh sein sollte, wenn es die Vergebung seiner Sünde glaubt. Ebenso wenig ist es möglich, daß es nicht betrübt und unruhig sei, wenn es die Sünde nicht vergeben glaubt. Läßt nun Gott den Glauben so schwach bleiben, soll man daran nicht verzagen, sondern es als eine Versuchung und Anfechtung aufnehmen, durch die Gott den Menschen erprobt, anreizt und treibt, damit er umso mehr nach solchem Glauben rufe und darum bitte und mit dem Vater des Besessenen im Evangelium sage: »O Herr, hilf meinem Unglauben«; und mit den Aposteln: »O Herr, mehre uns den Glauben«. So lernt der Mensch, daß alles von Gottes Gnade komme: das Sakrament, die Vergebung und der Glaube, bis er Hände und Füße ziellos gehen läßt, an sich selbst verzweifelt, auf die reine Gnade Gottes hofft und daran festhält ohne Unterlaß.

NEUNZEHNTENS. Die Buße und das Sakrament der Buße sind ganz verschiedene Dinge. Das Sakrament besteht aus den drei oben genannten Teilen: dem Wort Gottes, das ist die Absolution, dem Glauben dieser Absolution und dem Frieden, das heißt der Vergebung der Sünden, die dem Glauben gewiß folgt. Aber die Buße teilt man auch in drei Handlungen ein: in Reue, Beichte und Genugtuung.

Wie nun mancherlei Mißbrauch in der Reue oben vorgeführt wurde, geht es ähnlich auch in der Beichte und Genugtuung zu. Es gibt sehr viele Bücher, die ausschließlich diese Teile beschreiben, und leider wenige Bücher über das Sakrament der Buße. Wo aber das Sakrament recht im Glauben ergeht, da sind die Buße, Reue, Beichte und Genugtuung ganz leicht und ohne alle Gefährdung dadurch, daß sie zuwenig oder zuviel sein könnten, denn der Glaube an das Sakrament macht alle Umwege gerade und füllt alle Abgründe aus; und niemand kann irren, weder in Reue und Beichte noch in der Genugtuung, der den Glauben an das Sakrament hat. Und selbst wenn er irrt, so schadet es ihm gar nichts. Wo aber der Glaube nicht ist, da ist keine Reue, Beichte oder Genugtuung ausreichend. Und daher, daß die Menschen nicht wissen, ob es läßliche oder Todsünde sei, haben so viele Bücher und Lehren von der Reue, Beichte und Genugtuung empfohlen, oft zu beichten, womit viele Herzen sehr geängstigt werden. Aber wir wollen hier etwas darüber sagen.

ZWANZIGSTENS. Man kann die läßliche Sünde nicht dem Priester, sondern allein Gott bekennen. Nun erhebt sich aber eine neue Frage: Was sind tödliche oder läßliche Sünden? Es ist noch nie ein studierter Mann so gelehrt gewesen, und es wird auch niemals einer so gelehrt sein, daß er eine sichere Regel geben könnte, die läßlichen gegenüber den Todsünden abzugrenzen, ausgenommen die groben Verstöße gegen die Gebote Gottes wie Ehebruch, Töten, Stehlen, Lügen, Verleumden, Betrügen, Hassen und dergleichen. Es steht auch allein in Gottes Gerichtsbarkeit, welche andere Sünde er für Todsünde erachtet, und das kann der Mensch nicht erkennen, wie denn Psalm 18 sagt: »O Gott, wer kann all seine Sünde erkennen? Mache mich rein von den verborgenen Sünden«. Darum gehört in die Beichte vor dem Priester keine Sünde als die, die man offen als Todsünde erkennt, und die Sünden, die das *Gewissen* zur Zeit bedrücken und ängstigen. Denn sollte man alle Sünden beichten, dann könnte man jeden Augenblick beichten, weil wir niemals ohne Sünde sind in diesem Leben. Auch unsere guten Werke sind nicht rein und ohne Sünde. Doch ist es nicht ohne bessernde Wirkung, daß man auch geringe Sünden beichtet, besonders wenn man sonst keine Todsünde weiß. Denn wie gesagt: Im Sakrament wird das Wort Gottes gehört und der Glaube mehr und mehr gestärkt. Und selbst wenn einer nichts beichtet, wäre es dennoch um dieses Glaubens willen nützlich, die Absolution und das Wort Gottes oftmals zu hören, so daß man sich auf diese Weise damit vertraut macht, die Vergebung der Sünden zu glauben. Darum habe ich gesagt, der Glaube an das Sakrament tut es ganz und gar, ob die Beichte nun zuviel sei oder zuwenig. Dem, der Gottes Sakrament und Wort glaubt, ist das alles förderlich.

Von der Genugtuung sei damit genug, daß es die

beste Genugtuung ist, nie mehr zu sündigen und seinem Nächsten nur Gutes zu tun, er sei Freund oder Feind. Von dieser Genugtuung handelt man allerdings selten. Allein mit auferlegten Gebeten will man alles bezahlen.

EINUNDZWANZIGSTENS. Das ist die Gewalt, von der er Matth. 9 zu den ungläubigen Schriftgelehrten spricht: »Auf daß ihr wißt, daß der Sohn des Menschen die Macht habe, auf Erden die Sünden zu vergeben, sagte er zu dem Gichtbrüchigen: Steh auf, nimm dein Bett und geh in dein Haus. Und er ist aufgestanden und in sein Haus gegangen. Als das Volk dies gesehen hat, verwunderte sie das, und sie haben Gott gelobt, der den Menschen solche Gewalt gegeben hat«.

Denn diese Gewalt, die Sünden zu vergeben, ist nichts anderes, als daß ein Priester, ja, wenn es not tut, ein jeder Christenmensch, zu dem andern sagen und, wenn er ihn betrübt und in seinen Sünden geängstigt sieht, froh das Urteil sprechen kann: »Sei getrost, deine Sünden sind dir vergeben«. Und wer das aufnimmt und es glaubt als ein Wort Gottes, dem sind sie gewiß vergeben. Wo aber der Glaube nicht ist, hülfe es nicht, wenn auch Christus oder Gott selbst das Urteil spräche, denn Gott kann niemandem geben, der es nicht haben will. Der will es aber nicht haben, der nicht glaubt, daß ihm gegeben sei, und er tut dem Wort Gottes große Unehre, wie oben gesagt. Also siehst du, daß die ganze Kirche voll ist von Vergebung der Sünden; aber es sind unter ihnen wenig, die sie aufnehmen und empfangen, weil sie es nicht glauben und sich mit ihren Werken absichern wollen.

So ist es wahr, daß ein Priester wahrhaftig die Sünde und Schuld vergibt. Aber er kann dem Sünder den Glauben nicht geben, der die Vergebung empfängt und aufnimmt; den muß Gott geben. Nichtsdestoweniger ist die Vergebung wahrhaftig, so wahr, als spräche Gott es selber; ob es nun durch den Glauben befestigt wird oder nicht. Und diese Gewalt, die Sünden zu vergeben und also ein Urteil an Gottes Statt zu fällen, hat im Alten Testament weder oberster noch unterster Priester gehabt; auch kein König, nicht die Propheten und niemand im Volk, wenn es ihm nicht von Gott eigens befohlen wurde wie dem Nathan über König David. Aber im Neuen Testament hat sie, wo kein Priester zugegen ist, ein jeder Christenmensch durch die Zusage Christi, als er zu Petrus sprach: »Was du lösen wirst auf Erden, das soll los sein im Himmel«. Denn wenn das Petrus allein zugesagt wäre, dann hätte er in Matthäus 18 nicht zu ihnen allen gemeinsam gesagt: »Was ihr löset auf Erden, soll los sein im Himmel«. Da spricht er zur ganzen Christenheit und zu einem jeden einzelnen.

So Großes hat es mit einem Christenmenschen auf sich, daß Gott selbst dann nicht gebührend geliebt und gelobt werden könnte, wenn uns nicht mehr gegeben wäre, als einen dieses Wort zu uns sprechen zu hören. Nun ist die Welt voll von Christen, und niemand achtet das und niemand dankt Gott dafür.

Summa Summarum.

	alles förderlich
Wer glaubt, dem ist	
	nichts schädlich.
	alles schädlich
Wer nicht glaubt, dem ist	
	nichts förderlich.